爱恨北宋

AIHEN BEISONG

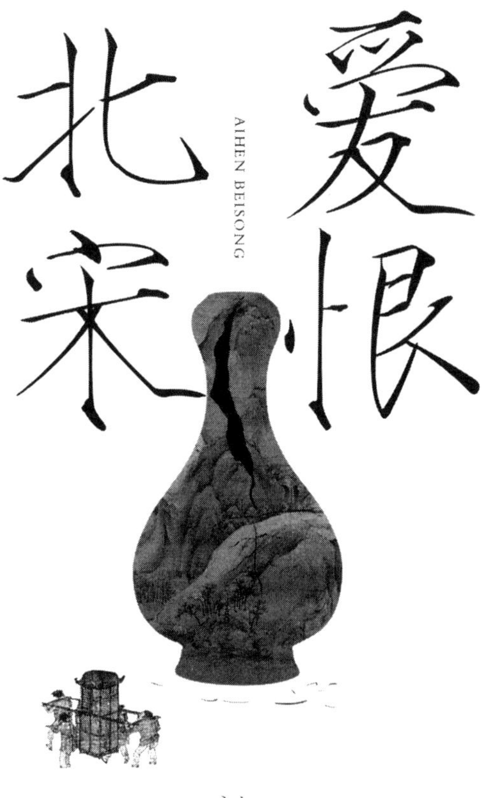

刘志斌 著

中国铁道出版社
CHINA RAILWAY PUBLISHING HOUSE

图书在版编目（CIP）数据

爱恨北宋 / 刘志斌著 .—北京：中国铁道出版社，2018.12
ISBN 978-7-113-24829-1

Ⅰ. ①爱… Ⅱ. ①刘… Ⅲ. ①中国历史－北宋－通俗读物
Ⅳ. ① K244.09

中国版本图书馆 CIP 数据核字（2018）第 185617 号

书　　名：爱恨北宋
作　　者：刘志斌 著

策划编辑：付巧丽　　　　电话：（010）83545974
责任编辑：奚　源
装帧设计：闰江文化
责任印制：赵星辰

出版发行：中国铁道出版社（100054，北京市西城区右安门西街 8 号）
印　　刷：三河市宏盛印务有限公司
版　　次：2018 年 12 月第 1 版　　2018 年 12 月第 1 次印刷
开　　本：700 mm×1000 mm　1/16　印张：15　字数：220 千
书　　号：ISBN 978-7-113-24829-1
定　　价：42.00 元

目录

第三章

鲜花着锦的盛世：宋仁宗是个好皇帝

第四章

改革才是硬道理：从熙丰新法到绍圣绍述

第五章

大河向东流：暗潮汹涌的大宋

第六章

靖康之耻：北宋的覆灭

【第一章】

一个朝代的崛起

从黄袍加身到一统天下

陈桥，一场蓄意的兵变

五代后期，雄才大略的周世宗柴荣英年早逝，撇下了小皇帝柴宗训孤儿寡母。赵匡胤于是趁着幼主登基的机会，发动了一场兵变。

赵匡胤的兵变可以说是简约而不简单。自梁朝以来，五代历朝君主都深感唐末的藩镇军阀政治实在是太糟糕了，十分不利于中央集权。于是从朱温（梁朝的开国主）开始，大家都有意识地加强中央军队建设，不断削弱藩镇军力。到了后周的时候，唐朝末年那种强枝弱干的趋势已经被彻底扭转了过来。中央禁军成了战斗力最强的部队，各地藩镇节度使的队伍成了二线部队。

然而五代时期那种骄兵悍将飞扬跋扈、目无尊长的作风却被保留了下来。大部分士兵依然奉行“有奶便是娘”的理念，而将领们更是把军队看成是自己的私人财富，周世宗几次试图整顿这种情况，然而还没等他找到什么真正行之有效的办法就驾鹤西游了。他死时，赵匡胤正是殿前都点检，用今天的话来讲，相当于中央禁军的总司令。

赵匡胤是个典型的武将，能打、心大，号称“一条哨棒等身齐，打下四百座军州都姓赵”。军队里自然喜欢这样的汉子，当时禁军将领都和赵匡胤关系密切，其中有些人和赵匡胤还是拜把子兄弟，号称“义社十兄弟”。在高平之战中，赵匡胤出色的表现让周世宗对他另眼相看，将选拔禁军的重任交给了他。由此，赵匡胤在禁军系统中的影响力越来越大。

然而，只是这样还不足以让赵匡胤踏上兵变的道路，毕竟交情归交情，兵变是兵变，周朝开国以来势头很好，人心也比较安定，而禁军的将领们在当时地位极高，可以说严重缺乏动力。赵匡胤本人作为一个武将，严重缺乏串联策划组织活动的能力，但是一个人的出现，弥补了他的这个弱点。

这个人就是赵普。

赵普是幽州人，赵匡胤的首席智囊。五代时文人的地位很低，一般武将都将这些文人谋士视为“手纸”——有用，但是不太重要。赵匡胤却对赵普格外言听计从。野心勃勃的赵普在私下为赵匡胤奔走，坚定不移地实施着推动赵匡胤上位的计划。而周世宗的病逝更是让赵普喜出望外，本来或许他只是想让赵匡胤爬到一个更高的位置上，但是现在既然有机会，要不要试着把赵匡胤推上皇帝的宝座？

答案是很明显的：要！

周世宗并非不知道自己死后可能会有人蠢蠢欲动，他预留的后手也是一个人：王著。在驾崩前，周世宗召集宰相范质等人留下遗命，总体上讲了两点意见：1. 我死之后你们要照顾好大周；2. 任命王著为新的宰相，和你们共同治理大周。讲完这两条意见之后，周世宗就撒手人寰，一命呜呼了。

王著这个人才华横溢，是周世宗以前的幕府旧僚，很受周世宗器重，在士人中也颇有声望。然而这个人有个致命的弱点，那就是好酒。周世宗平时治国颇严，因此这哥们儿喝酒误了几次事之后挨了不小的处分，暂时被搁置了。不过周世宗并没有忘记他，在自己人生的最后阶段，周世宗试图重新将他提拔回来，与范质等人互相制约，为自己的儿子保驾护航。

但是范质却不想大权旁落，在他看来，周世宗的死是一个自己揽权的天赐良机。赵普敏锐地洞悉了范质的这一心理，经过一番运作，赵匡胤和范质一起隐瞒了周世宗的遗命，两个人达成了伙伴关系，约定文官归你，武将归我，咱们趁着小皇帝什么都不懂，把权力都揽过来。

在这种情况下，赵匡胤开始了禁军系统内部的大调动，总体思想是把和自己不对付的都调走，把和自己关系好的都安排到最有利于发动政变的位置上。一来二去，有人觉得不对劲了——赵匡胤这么折腾，不是想造反吧？范质对此嗤之以鼻：无稽之谈，人家不过是想抢点权、捞点钱罢了，你们至于这么紧张么？

于是公元960年春，“愚蠢”的契丹人违背自然规律，在冬天悍然出兵入犯大周领土。赵匡胤挺身而出：这事就由我赵某负责搞定了，小皇帝、范丞相，你们安心等着，末将去去就来！

好咧，赵将军，一路小心啊！

于是赵匡胤回到家里，开始了轻松愉快的兵变之旅。

赵匡胤的兵变分为三步：

1. 以打契丹人为名，向除了禁军之外大周最大的一股地方军队势力——河北藩镇派出重兵，以防有人闹事。

2. 利用自己的权力，让自己的人手全面接管京城的防卫工作。

3. 自己领着一支军队“武装游行”到陈桥，在那黄袍加身，然后“被迫”回京登基。

不得不说，这个计划其实十分粗糙，尤其是整个计划的保密工作简直是个笑话，以至兵变前夕整个京城里的老百姓都知道这事儿了。不过架不住范质的智商已经下线，城里吵得沸沸扬扬，他却一笑置之——没事，赵匡胤我了解，傻老粗么，这种人哪有那个心眼当皇帝啊！

第二天，赵匡胤带着兵变的队伍回到了京城，范质的心情是崩溃的。

然而大错已经铸成，范质也没有什么办法，只好打落牙齿和血吞。当初说好大家一起权倾朝野，现在你却偷偷做了皇帝……

赵匡胤回京之后，找到小皇帝和太后痛陈自己的无奈——不是微臣要做皇帝，实在是百姓的心声我难以拒绝。在许下优待后周皇室的诺言后，大家掏出事先准备好的禅位诏书和仪仗火急火燎地为赵匡胤举行了仪式，由于赵匡胤任节度使的地点是宋州，因此国号就被定为了“大宋”。

赵匡胤登基以后，首先大肆封赏了在自己篡位过程中出了大力的禁军将领，然后向朝堂内外的官员宣布：执政目标以稳为主，原来大周什么样，咱们大宋就什么样，只要大家都消停，咱们该干什么干什么！

大宋的人们观望了一阵子——这些人已经对改朝换代麻木了，毕竟十来年就要换个皇帝已经是常态了——发现大宋皇帝上台之后既没有清算后周的官员，也没有纵容手下四处抢劫杀人，觉得这个皇帝还不错，于是又开始安心过日子了。而大宋周边的这些国家也轻车熟路地送上了贺礼，一时间大家的气氛非常融洽。

然而在其乐融融的氛围下，有人按捺不住了。这个人就是昭义军节度使，后周的太尉，李筠。

李筠在后周时长期主持对北汉方向的作战，战功显赫，手下士兵战斗力也很强。周世宗在位时，他就有点蠢蠢欲动，本以为周世宗死后有机会趁幼主登基、天下不稳的时候有所动作，结果被赵匡胤抢了先。这哥们儿心里有多不爽就可想而知了，于是李筠联系了北汉与扬州的李重进——这哥们儿是周世宗的外甥，曾在禁军中担任过高级将领，对赵匡胤登基这事也十分不爽——开始造反。然而之前我们曾经讲过，经过后周的军事制度改革后，中央禁军的实力大大增强了，而李筠的智商已经欠费，非要同赵匡胤正面硬碰硬，被他寄予厚望的李重进又被手下蛊惑，放弃了南北夹击的战略构想，因此赵匡胤只用了两个多月就把这俩人轻松搞定。

赵匡胤略微有点不爽，觉得自己杀鸡用了牛刀。满身力气没地方使的赵匡胤索性让打下扬州城的士兵在长江边上开始了大规模的军事演习，借以威吓南唐。南唐的一群野心家欢欣鼓舞——升官发财的时刻到了啊！于是纷纷渡江北投，为赵匡胤献上所谓的“平南策”，得知消息的南唐主差点昏死在自家皇宫。

赵匡胤却哈哈一笑：把这票人都拉出去咔嚓了！

赵匡胤当然不是什么和平主义者，他只是清楚地认识到，自己眼下的实力还不足以灭掉南唐。他登基之后开展过一次人口普查，其结果相当令人沮丧，偌大一个大宋，竟然只有九十六万七千三百五十三户！也就是说，如果与南唐的战争稍有差池，等待着赵匡胤的就有可能是一次全面崩盘。

在这种情况下，赵匡胤愉快地从南唐手上讹到了一笔军费后就退兵了。回到开封的赵匡胤将主要精力都放到了内政上，由于五代时中原地区人口锐减，因此荒地众多，加上北宋初期十分幸运地赶上了一个气温回暖有利于农作物生长的周期（在整个唐宋气温下降的过程中出现这样一个回暖的时间段是相当罕见的），因此大宋整体开始呈现出一片欣欣向荣的景象。而在赵普等文臣的努力下，司法系统、人事系统和财政系统也逐渐走上了正轨，现在摆在赵匡胤眼前的只剩下一件事了，那就是如何约束自己手下的这些骄兵悍将。

杯酒……释兵权？

宋朝开国之初的军队可以说继承了五代时期军队的所有陋习，以枢密院和禁军系统为代表的骄兵悍将们不仅处处耀武扬威，还经常要干涉一下朝政。这些将领有时候甚至连赵匡胤的面子都不给——都是拜把子兄弟，客气啥啊！

这种状态下赵匡胤很烦，于是决定找个时间跟这些兄弟们好好唠唠。某天他把自己的这群哥们儿召集了起来——哥几个有日子没见了，今天一起出去打个猎吧！大家欣然允诺，于是丢下侍从人员集体外出打猎野营，打到一半，赵匡胤停了下来，看着周围的这些哥们儿说：哎，我在琢磨个事……

大家：啥事啊？

赵匡胤：我琢磨，你们一天天跟我这里嘚嘚瑟瑟的，是不是不服我？要是真不服，今天也没别人，咱们生死看淡，不服就干，你们要是赢了就换你们当皇帝咋样？说完拎着弓箭环顾了一圈……

大家此刻十分紧张（别闹了谁不知道你能打），连忙解释说，你看大家都是哥们儿，平时这不是自在惯了有时候就忘了礼数么？皇上您怎么这么小心眼，行了要是有什么平时做得不到位的，我们今天给你赔个不是好了，啊哈哈哈……

赵匡胤于是也呵呵道，我当然知道你们这群大老粗没那个意思，我也就是心里有点不爽罢了。算了，咱们再玩一会儿就回去吧！

于是君臣尽欢，愉快地回到了开封城里。

在这些武将逐渐消停下来之后，按后来流行的说法，赵普和赵匡胤合计了一下，在某次酒席上赵匡胤忽然放下酒杯，对这些高级将领说，哎呀我做了皇帝之后一直担心你们造反，不如我夺了你们的兵权给你们好多钱，然后大家一起快快乐乐地回家做富豪好不好啊？这些将领就非常开心地说，好啊，好啊！于是君臣尽欢。

请注意，这个故事发生的时代背景依然是五代。五代！那个士兵分分钟哗变，皇帝分分钟被手下砍了脑袋的五代，大家稍稍想一想就能知道，这种时代背景下，皇帝跟你说别带兵了，太危险！我给你点钱你回家当富翁去吧，你会是什么反应？

大概第一反应就是回去起兵吧……

而且就赵匡胤本人而言，他并不是十分忌惮自己这些哥们儿的兵权，赵匡胤当时正值当打之年，外面又是强敌环伺，正是用兵之际，从常理上来说，这个时候撤掉自己哥们儿的兵权是很不科学的一件事。我们知道，在五代这种乱世中，因为剥夺将领兵权而导致的改朝换代简直太多了。在这种情况下，赵匡胤怎么可能真的就用一杯酒就把自己手下这些大将的兵权收了回来呢？

实际上，如果我们仔细研究一下“杯酒释兵权”前后这些大将的职务变动，就能很清楚地发现这么个轨迹：这些在赵匡胤政变中出了大力的将领们，从禁军将领的位置上下来以后，大多被外放做了节度使，而这是相当符合五代时期造反功臣升迁逻辑的安排。外放为节度使的将领可以在地方上大肆搜刮财物，同时赵匡胤还将自己家里的几位公主下嫁给了这些将领，以稳定军心。在日后统一全国的过程中，这些人也不止一次被召回继续领兵作战。因此，如果简单地认为"杯酒释兵权"就是对禁军高级将领兵权的一次褫夺，显然是不正确的。

后人在研究这段历史的时候，曾经抱怨宋初关于"杯酒释兵权"的记载实在是太不详尽了。然而，如果从当时的情况来看，这种不详尽是十分合理的——因为在当时的人看来，这只是一次正常的人事调动罢了。

在将这些宿将外放到各地的同时，赵匡胤将自己曾经的亲兵陆续提拔为禁军军官，全面加强了对禁军的掌控。继而改革了禁军选拔标准：周朝的时候不是给了份征兵文件，要求各地按照一定标准选拔么？咱们这回连文件都不要了，我用木头做个模型，只要你们用这个模子比一下，比这个高、比这个壮的直接送来做禁军！

在这种情况下，大宋的国力不断上涨，赵匡胤开始准备找自己邻国的麻烦了。

赵匡胤在渡过宋朝立国之初的一系列混乱之后，开始着手加强军队建设，通过一系列的人事调动将军队牢牢地抓在了自己的手里。磨刀霍霍的赵匡胤看着周围的这些势力，开始琢磨一个问题：我究竟要先拿谁开刀？

然而周边的这些小国也都不是什么省油的灯，大家在五代混迹多年，既然能建立割据政权，自然都有一套安身立命的本领。北边的北汉暂时是动不得的，人家向契丹自称“侄皇帝”，有契丹做靠山，打起来赢面不大；南面的几个割据政权更没法打，人家不是按时进贡规规矩矩称臣，就是离得太远鞭长莫及。在这种情况下，赵匡胤每天都十分苦恼——为什么！为什么没人出来搞点事情？

事实证明，指望在五代这种乱世里大家都规规矩矩不搞事情还是比较困难的。大宋建隆三年，终于有人忍不住了。

搞事情这哥们儿叫张文表，是朗州大都督，武平军（治朗州）节度使，乃是湖南地方势力里的顶梁柱之一。湖南的军头原来是周行逢，也是从行伍士卒做起，一点点打下湖南地盘的猛人。他与张文表乃是拜把兄弟，就像赵匡胤和他那群禁军把兄弟一样的关系。恰如之前赵匡胤所担心的那样，这种“两肋插刀的结义兄弟”最后都会因为权位而插兄弟两刀。建隆三年，周行逢撒手人寰，死前指定自己十岁的儿子周保权继承自己的位置。张文表果断表达了自己的不满：开什么玩笑！老子是和周行逢一起打天下的人，现在你让我去给一个小屁孩磕头？反了！

周行逢死前就料到了这种情况，因此早就给他的儿子指了一条明路：你能打就打，不能打赶紧归顺赵匡胤，找他救你！

于是张文表造反之后，周保权和周围大臣的反应相当迅速，马上派人跑到大宋求救——皇上，我们湖南老周家可一直都跟您这里称臣进贡啊，现在手下造反了，您是不是得管管？

赵匡胤心中简直要乐翻了天——这真是瞌睡有人送枕头啊！然而作为一个皇帝，他还是要表现得淡定一点。赵匡胤轻描淡写地接待了湖南派来求援的使臣，然后就把这事晾在了一边。急得火上房的使臣被一晾就是几个月，只好向别人打听：皇上最近说什么时候出兵了没？

没啊，皇上忙着呢！

忙什么呢？

嗨，那可多了，我跟你讲啊，皇上忙着在各地建图书馆、阅兵、搞军校、赈灾、搞改革……反正你就等着吧！

其实赵匡胤并非对湖南没有企图，相反他对这个送上门的机会十分重视，然而他的胃口却远不止湖南这么一点。既然湖南已经是他的盘中之物了，那咱们要不要顺便把旁边的荆南（现在的湖北一带）也一起划拉过来？于是在周保权一票人每天煎熬得要死要活的这段日子里，赵匡胤表面上按兵不动，实则派人出去将荆南打探了个七七八八。摸清了荆南虚实的赵匡胤终于决定：打！

打当然是要打的，然而不能说打就打，起码得找个说得过去的理由。赵匡胤和手下琢磨了一下，找了个特别靠谱的理由：那啥，荆南王啊，你看湖南那边闹得厉害，向我求援。你看我也不能不管，这样吧，我借你的道出兵湖南，顺便你再派个万八千人跟我一起去救你的邻居，好不好啊？

这一下子就把荆南君臣吓傻了，大哥，咱不闹行不，当我们都不看书不知道“假途灭虢”么？

荆南是十国中的一朵奇葩，虽然我们知道十国里几乎没有几个正常的，但是荆南的不正常程度依然超出了十国的平均水准。由于荆南地处南北交通要冲，更南边的几个小国向中原王朝进贡时都必须路过荆南，这使得荆南地区的高季兴心中很是痒痒。终于，高季兴在这些国家再一次借道进贡的时候吟了几句诗：此山是我开，此树是我栽，要想从此过，留下买路财！于是每次都要从这些进贡的队伍里强行讹诈点东西出来。大家都觉得这哥们儿实在是太恶心了，因此送给了高季兴一个花名：高赖子。

有这样的首领，这个地区的发展情况怎么样就不用多说了。到了赵匡胤上台的时候，荆南已经只能勉强维持不倒台了。当时在位的荆南王叫高继冲，这哥们儿对大宋怕得要死，一年能给赵匡胤进贡好几次。因此虽然荆南君臣都知道宋军的借道不怀好意，然而也没有什么办法，只得集体投降了事。

春风得意的宋军一路高歌，兵不血刃地搞定了荆南，眼瞅着湖南也已经是囊中之物了。然而由于前段时间赵匡胤的拖延耽搁了太多时间，周保权等人苦熬过去之后竟然发现自己柳暗花明了！于是周保权赶紧派人前来犒劳宋军，顺便小心翼翼地向宋军提出：我们前段时间是求援了，不过现在觉得自己还能再续一会儿命，要不……王师就回去吧？

宋军愤怒了！你当我们是什么了？说来就来，说走就走么！不行，一定要讲信用，说要救你全家，就一定要救你全家！

于是想要救人的宋军和抗拒被救的湖南展开了激烈的战斗。

面对宋军如此高涨的救援热情，周保权等人只得放弃抵抗，束手就擒。由此，赵匡胤拉开了他终结五代乱世、一统十国的征程。

大宋的举动让周围的国家很是不寒而栗了一番，然而赵匡胤拿到荆南和湖南之后就没了动静。大宋开足马力向其他几个国家（主要是南唐）解释：其实真不是咱们皇帝不仁，主要是他们两家实在太乱了，大宋的主流还是和平与发展啊！亲们，你们对大宋这么恭敬，皇上怎么会对你们有什么想法呢？于是南唐、南汉什么的逐渐也就半信半疑地把心放回了肚子里。

那么赵匡胤这时候在干吗呢？他在继续加强内政建设。赵匡胤开始着手进行“杯酒释兵权”的后续工作——向藩镇开刀了。

赵匡胤很早之前就和赵普商量过如何收拾藩镇的问题，方法无外乎几点：收回人事权，统一财政支出与划拨，以及加强司法建设。

这话说起来轻松，做起来却着实花了赵匡胤一番手脚。

要知道，藩镇的这些权力不是从天上掉下来的，而是从安史之乱以来逐渐形成的。每一项看似不合理的制度后面，都有中央与地方的无数次博弈乃至暗战。而大宋朝堂里的这些官员们，也大多是现行体制的既得利益者，因此想发动这样一次改革，其风险丝毫不亚于发动一场战争。

赵匡胤于是先拿朝廷开了刀，最先遭殃的是后周时期留下来的宰相：范质。

唐朝以来，宰相一直都是整个官僚体系的顶点，因此也就有不少特权。比如说，唐朝的宰相和皇帝商量朝政的时候是有椅子坐的，有时候俩人谈事的时间长一点皇帝还会让太监们准备茶点什么的——快点，给丞相兑碗热的喝！这个传统自然被沿袭到了五代，然而在赵匡胤这里，事情开始发生了一些变化。

赵匡胤是个武将，能打、心大、略野蛮，这样的人多少有点瞧不起文人。举个例子来说，赵普有次和赵匡胤走到朱雀之门底下，赵匡胤仔细研究了一下门上的匾，问赵普：哎，朱雀后面的“之”字是干啥用的啊？

嗨，语气助词呗，没实际意义。

赵匡胤不屑地撇撇嘴：之乎者也，能助个屁啊！

赵匡胤在自己最宠信的谋士面前都是这个样子，所以在别人面前是什么样子就可想而知了。加上赵匡胤是个武将，从来信奉“能动手就不吵吵”的金科玉律，因此经常会出现某个文臣把赵匡胤惹毛了被一顿暴打的事。虽然说赵匡胤事后考虑到自己皇帝的身份还是会跟这些人道个歉什么么的，不过想必被按在地上摩擦不是什么令人身心愉悦的事情。于是渐渐范质这些宰相开始改变套路了——那啥，皇上，我们觉得当面和您讨论问题实在是太不严肃了，以后我们还是给您呈送正式文件好了，您批阅之后返给我们，咱们尽量别坐一起，老臣们年纪大了，不扛揍……

在这种连唬带吓的氛围下，这群老头没多久就集体退休了。赵匡胤在赵普的帮助下对政府机构进行了大幅度的改革，设置了一个转运司来负责从地方到中央的财政工作，逐渐将藩镇的财政权收回到朝廷手里。而之前进行军事改革时，中央禁军的实力已经远远超过藩镇部队，这些节度使权衡之下，只得来跟赵匡胤哭穷——皇上，我手下这么多人，你把钱都拿走了，微臣养活不起他们了啊！

哎呀呀，这不是我的好兄弟么！这可是怎么说的，穷谁也不能穷你啊！来，咱们这么办，你不是养活不起这些人了么？我赵匡胤最讲道理，既然收了你的钱，那就一定不能给你添负担，这样，这些人从藩镇的编制中划出来，我一并都管了！什么刑事行政，你养不起的，都让朕来养吧！

于是一来二去，各藩镇的节度使发现，自己不仅没了钱，连手下的人也没了……

通过这种大幅度的改革，新生的大宋开始彻底与过去的五代划清界限，大宋再也不是五代时期那种组织分散、结构松散的军阀聚合体了，而成长为一个真正意义上的中央集权制封建王朝。宋朝的整体实力蒸蒸日上，同周围的这些国家拉开了差距。

而在赵匡胤折腾的同时，大宋周围的这几个国家也一样在折腾，只不过大宋是向着好的方向折腾，这几位则是向着作死的方向在折腾。

首先是南唐，南唐在韩熙载——没错，就是那幅著名的《韩熙载夜宴图》的主人公——的坚持下开始了轰轰烈烈的币制改革。其改革核心思想是铸造铁钱代替铜钱，发行大额货币。更具体一点来说，就是在一枚稍大的铁钱上印上“当十”，然后就发行出去：好了，这一个顶过去的十个钱了！

稍稍有点现代经济常识的人都知道，这种情况下必然造成严重的金融危机和恶性通货膨胀。没过多久，原本富甲天下的南唐就沦落到商人们要偷偷到黑市换铜钱的地步了。

而南汉要更奇葩一点，南汉的皇帝刘鋹是个罕见的变态，爱好之一是制造太监。是的你没有看错，他的爱好就是制造太监，他固执地认为，太监没了家室，对自己会更加忠心。因此南汉所有的高级官员都需要净身之后才能担任，南汉的进士考中之后就会有专人来为他们净身。而刘鋹就在几万太监的陪伴下每天花天酒地，国家大事都交给身边的几个亲信太监和国师樊胡子。什么，你问国师是不是太监？别逗了，樊胡子可是个货真价实的女人……

不同于南唐和南汉，后蜀君臣则志向远大。后蜀远离中原兵锋，在国主孟昶的带领下，国家繁荣、富裕，和中原比起来简直就是人间天堂！当时后蜀的娱乐业与奢侈品产业极度发达，甚至连孟昶的夜壶都是用七种宝石镶嵌而成，号称“七宝壶”。孟昶一直以为自己占尽地利，完全不惧赵匡胤。然而在大宋以耸人听闻的速度打下荆南与湖南之后，他开始心虚了。在恐惧的支配下他干了一件极其愚蠢的事：他向北汉求援，想约北汉一起出兵，夹击大宋。

但是孟昶没想到，他派出去送信的信使出门左拐，直接投奔了大宋。拿到密信的赵匡胤高兴得简直要在大殿里高歌一曲了——孟昶啊孟昶，你真是太贴心了！朕还在发愁要找个什么样的借口去打你们呢，结果你自己作死送上门了！

我要打十个：从后蜀到南汉

其实在继位之初，孟昶也是一位颇励精图治的皇帝，然而扛不住蜀地的繁华富裕，随着时间的推移孟昶很快就迷上了奢靡之风的那一套，身边小人群集。而这些小人中最出类拔萃的一位，叫王昭远。

王昭远是孟昶年轻时候的“玩伴”。史书记载，王昭远十几岁的时候在庙里被孟昶看上收为近臣，先是侍奉孟昶左右，继而被委以军国重任。蜀国军政大事，均由王昭远一言以决。除此之外，王昭远还可以随意支取孟昶的内库财物——这种关系在几千年的中国历史上是极为罕见的。如果王昭远只是一个纨绔子弟倒也罢了，毕竟后蜀繁华富庶，也不多他一个，然而这哥们儿长期身处高位，手握重权，不禁产生了幻觉：我能，我可以！

在这种莫名的自信之下，王昭远自比诸葛孔明，每天雄心勃勃，总想着要闹点大动静出来。因此得知赵匡胤发兵的消息之后，王昭远仰天长笑：我“王孔明”建功立业的机会到了！在他的忽悠之下，孟昶也是信心满满：赵匡胤，你这是自寻死路！

发兵前夕孟昶派人为王昭远饯行。王昭远在酒席宴前手持铁如意，挥洒自如，大吹法螺：你们就放心吧，这次我带着手下一波反杀，来犯宋军根本不值得担心。老大做好准备，等着咱们反推中原，一统天下吧！

孟昶：好嘞！

而大宋这边也是信心满满，一群嗷嗷待战的老兵油子听说要去打后蜀，眼珠子都要红了——后蜀啊！富到流油的地方啊！这要是打进去了，随便捞一笔都是吃穿不尽啊！赵匡胤为了刺激这些人的战意，还特地下了一道命令：这次出兵，朕只要地盘，打下来的钱你们自己随便分！一时间宋军的战斗力飙升，各级纷纷表态：我们一定要打到成都去！打烂孟昶的狗头！

在这种氛围下，两军相遇了，一方是几十年未见刀兵、自比诸葛孔明的纨绔子弟，另一方是红了眼的百战精锐，这结果可想而知。蜀军一触即溃，再触再溃，三触三溃，什么高山险关，全都没用！在大宋这几万饿狼的面前，那些都只是他们的钱庄银柜！被打得望风而逃的王昭远向孟昶紧急求援——快拉兄弟一把，我不行了！

孟昶此时的心情十分崩溃，说好的你能反杀呢？这不要说反杀了，连凭借地形防守都不行啊！但是没办法，也不能眼睁睁看着宋军这么平推过来，于是孟昶赶紧集结剩余兵力，由太子孟玄喆带队前去支援王昭远。但不幸的是孟玄喆比王昭远还要夸张，这哥们儿带了几十名姬妾随军而行，完全把这次支持当成了郊游。结果还在半路上孟玄喆就得到一个天大的噩耗——王昭远又一次被宋军大败，这次，连蜀国的最后一道屏障剑门关都给丢了！

孟玄喆闻讯大惊，连忙用迅雷不及掩耳的速度飞奔回了成都。刚送走儿子不久的孟昶见到孟玄喆之后感觉不妙：你怎么回来了啊？

哎呀父王，宋军拿下了剑门关，长驱直入了！

天啊！这下完蛋了！

父王，你别慌，我这里还有一个好消息！

嗯？都这样了你还有好消息？

对，我撤的时候发挥了我的聪明才智，把从剑门到成都一路上所有的军需补给全都烧了！现在剑门到咱们这里是一片白地了，定能大大阻挠宋军的攻势！

孟昶差点拔出剑来干掉自己的脑残儿子——老子辛辛苦苦搜集来的军需补给，你这个败家玩意儿一把火全烧了？宋军还有那么远，你不能带上补给一起跑么？现在要我拿什么来抵抗宋军！

事已至此，孟昶也没有什么别的办法了，只得投降宋军。值得一提的是，当年孟昶的父亲孟知祥打下前蜀时，为前蜀国主写降表的翰林学士李昊依然健在，而且担任了后蜀的丞相，这次孟昶的降表也是由李昊起草的，还是原来的配方，还是熟悉的味道……

打下后蜀之后，国力又一次急剧膨胀的大宋已经隐隐有了一统天下之象。到此，大宋已经彻底脱离了五代时期中原王朝的模式，它拥有了唐末以来几代中原王朝中最大的国土，拥有百战精兵、一个励精图治的壮年君主、一个高效的行政系统，并且它摒弃了唐末以来的藩镇政治，从而将力量聚集在朝廷手中。可以说，对此时的大宋来说，统一天下只是个时间问题。

于是消化掉后蜀之后的大宋开始了新一轮军事扩张，这次被选为目标的是北汉。北汉这些年过得一直很憋屈，一方面要备重兵提防宋朝，另一方面还要对契丹人委曲求全，因此国力凋敝，已经是风雨飘摇。实力大涨的赵匡胤开始了对北汉的军事恐吓，北汉国主刘继恩在恐吓中担惊受怕，没多久就撒手人寰了。赵匡胤一看这是机会啊！于是趁着北汉新君继位不稳的机会，果断派出大军急袭北汉。

本来在大宋君臣的构想中，这次出兵应该是手到擒来。毕竟此时北汉与大宋之间的国力差距已经极其大了。然而出乎意料的是，北汉竟然在宋军的攻势中挺了过来！这其中固然有契丹人出兵救援的因素，但纵观整个五代历史，以太原为核心的地方割据势力一次次在同中原王朝的对抗中顽强挺立着，不得不说北方军阀的军事素质在当时还是首屈一指的。

暂时受挫的赵匡胤没有气馁，既然北方不行，那咱们就先来搞定南方嘛！别忘了，南边还有一个腐朽透顶的国家等着赵匡胤去征服呢。

实际上，如果赵匡胤真的狠下心孤注一掷，与北汉拼个鱼死网破，也并非就搞不定这个全国仅有三万余户的小国。但是以当时宋朝的战略态势而言，南方还有南汉与南唐这两个威胁，刚打下来的四川也有待进一步消化吸收，而真的大伤元气打下北汉后，宋朝在北方面对的敌人却要瞬间从一个破破烂烂的小国变成龙精虎猛的契丹人，可谓得不偿失。因此偷袭失败的赵匡胤虽然心有不甘，但是理智告诉他，此时不如稳一稳，还是先撤兵再说吧。

回到开封的赵匡胤并没有闲下来——东边不亮西边亮，在北汉那边空耗钱粮无数，这账从北边拿不回来，我就要从南边拿回来！而大宋的南方，此时只剩下了吴越、南唐和南汉三国，究竟要拿谁开刀呢？

吴越？这个坐拥江浙的小国和大宋被南唐分隔开来，出兵不便。但更重要的是，国主钱弘俶对赵匡胤一向恭顺得很，不仅主动进京汇报，上缴地方财政收入，更是死活不做国王，非要做赵匡胤的兵马大元帅。赵匡胤和钱弘俶之间的关系，可以说已经密切到了皇上讲话我鼓掌、皇上出兵我发饷、皇上喝酒我来挡、皇上睡觉我站岗的地步。因此拿吴越开刀那是万万不能的。

而拿南唐开刀似乎也不太科学。大宋南征北战的这几年，李煜抱定信念，誓死不出头，一心一意地做自己的“忍者神龟”，对大宋那叫一个恭顺。因此，从各种意义上都找不到向南唐动手的理由，加上南唐本来国力就比较雄厚，因此对南唐动武的计划也被赵匡胤否定了。

剩下的……剩下的，就是奇葩的南汉了。

我们在前文曾经提过南汉奇葩的国主，这个喜好阉割别人的国主这些年一直在南汉的一亩三分地里呼风唤雨、花天酒地，搞得南汉民怨沸腾、群情激愤。向这个国家开刀，可以说不仅占据了战略的优势，更占据了道德的高点。因此赵匡胤琢磨了一下，做出了一个很惊人的举动。

他问李煜：南汉国主罪恶滔天，搞得民怨沸腾，我作为天子想去解放一下这些受压迫的百姓，你支持不支持啊？

李煜快要吓死了：大哥你什么意思？这是要把当年灭湖南的事重复一遍么？你要灭了南汉我自然是支持的，但是你本身就和南汉接壤了，你直接过去打就行了啊，干吗还要假惺惺地问我一下？思前想后，李煜还是战战兢兢给了赵匡胤一个肯定的回答：皇上我挺你！

呵呵，挺我就好！这样，皇上我呢，是个宅心仁厚、热爱和平的皇帝，对不对？直接这么打过去，实在是太不礼貌了，李煜你写封信，痛陈一下南汉国主的罪行，让他早日幡然醒悟主动投降吧！

李煜此时的心情很差，他终于明白赵匡胤想干吗了。南汉国主是个愚蠢而自大的变态，自己的这封信送过去之后，盛怒之下的南汉肯定会断绝和南唐的联系，搞不好甚至会主动向大宋动手。这样一来，就算自己想在大宋出兵之后搞点小动作，给南汉送点军事援助什么的都没办法了。不过想明白归想明白，这信该写还是要写的。因此在大宋的胁迫下，李煜还是向南汉送出了一封劝降书——那啥，大兄弟，你作恶多端，赶紧早日投降吧。

南汉国主刘鋹见信之后果然大怒：混账！敢打扰我逍遥快活，你们是不是都活腻了！

来吧，生死看淡，不服就干。盛怒之下的刘鋹发出指示：咱们一定要打到开封去，活捉赵匡胤，让他明白明白谁才是英雄！而刘鋹麾下的高级太监们纷纷表态：哎哟，国主，您就放心吧！咱家定然让他们知道咱家的厉害！

俗话说得好，由一只绵羊率领的狮群，其战斗力还比不上由一只狮子率领的羊群。南汉这些由太监率领的部队在面对大宋的百战精锐时会发生什么也就不言而喻了。南汉军队在宋军面前一败涂地，毫无反抗能力。宋军以一种近似武装巡游的状态长驱直入，在南汉的土地上横冲直撞。

刘鋹这个时候才有点觉得不对劲：咱们的将领呢？能打的都哪里去了？

那啥，老大，没有能打的了，能打的都让您砍死了。

那我兄弟亲戚啥的，还有没有能替我分忧的了？

没了，您忘了么，您兄弟姐妹啥的早就让您全整死了……

完全傻掉的刘鋹只能眼睁睁地看着自己的地盘越来越小。精神已经接近崩溃的他开始了自我催眠：赵匡胤人这么好，这么热爱和平，他一定不是想灭掉我南汉的，他只是……只是觉得他湖南的地盘不完整，想把从前我吞下的湖南的几个州拿回去，把湖南的地图补完啊！对的，没错！赵匡胤这种强迫症，他一定只是想补完湖南地图而已！

事实证明，赵匡胤这个"强迫症"觉得补完一个湖南的地图是不够的，还要把你整个南汉都补进来才够看嘛。绝望之中的刘鋹只得掏出自己压箱底的法宝——象兵，试图做最后的抵抗了。南汉的象兵曾在南汉对外征讨的过程中立过汗马功勋，着实起过很大作用，因此刘鋹将希望寄托在这些庞然大物上也是情有可原的。

然而事实证明人和科技才是最可靠的战斗力，有着丰富战斗经验的宋军在这些大家伙面前毫无惧色，迅速集中了大量强弓硬弩向其攒射。当时由于受到制作工艺和气候的限制，弓箭在南方没有像在北方那样被十分广泛地运用，因此在以前的战斗中，大象没有受到过这么密集的攻击，而宋军使用的弓弩在攻击力上又明显强于南汉军。于是大象哀号着向后狂奔，反而冲垮了南汉的阵型。

这时候的南汉依然保存了最后一点兵力，然而这并不能阻挡宋军南下的步伐。刘鋹想尽一切办法来为自己的政权续命，但并没有什么用。即使是那些曾经信誓旦旦效忠于他的太监们也开始四散奔逃，一些太监还偷走了刘鋹原本为自己逃跑准备的大船，最后彻底成了孤家寡人的刘鋹只得乖乖投降，祈求赵匡胤给他留条活路。

南唐：恰似一江春水向东流

搞定了南汉之后的赵匡胤心情极度舒畅，大宋目前的形势是这样：北面的北汉苟延残喘，君臣都得勒紧裤腰带来供养他们那为数不多的军队，并应付契丹人的勒索，北汉所谓的枢密使过得还不如赵匡胤手下的一个小官；契丹人前些日子倒是来挑了个衅，不过让英勇的大宋军队以一当十地打了回去，灰头土脸的契丹人回去之后不仅没敢再来报复，相反还派人主动过来建交。而大宋境内大家正有条不紊地进行建设，刚打下来的南汉地区也在积极地进行战后重建。大宋现在的情况是一片大好。

而放眼望去，南方的吴越早就已经和大宋穿上了一条裤子，只有南唐还在勉力支撑。这种情况下，赵匡胤下一步要干什么已经是呼之欲出了。

那么李煜是怎么应对这事的呢？李煜的应对之道非常简单，那就是坚定不移地认怂！

对，你没看错，就是认怂。自打李煜当上南唐的皇帝之后，就作为一个坚定的认怂者，不断地向大宋做出各种让步。而且随着大宋不断对外扩张，他认怂的步伐也越来越大，不仅主动去了尊号，降了规格，缩减了政府机构，强化了对大宋进贡的机制，还不断对国内的主战派进行打压。在大宋南征北战的过程中，李煜一次又一次地坐失良机。李煜试图用这种方式来向赵匡胤展示自己的人畜无害。然而李煜却不知道，在一千年以后，一位伟大的军事家曾说过这样的话：以斗争求团结则团结存，以退让求团结则团结亡！

但是李煜并不明白这个道理，这个从小养尊处优的皇帝，一心沉迷于佛法和他的艺术之中，满脑子都是艺术创作与因果报应。他试图用这种方式麻醉自己：只要我一心向佛，沉迷于艺术创作，老天一定会保佑我，赵匡胤大概……会放过我吧？

顺带一提，我们今天提起李煜，一般认为他是伟大的词人。这个评价基本上是来自他亡国后所创作的那些词，实际上他早期所作的词格调非常一般，大家可以感受一下：

云鬟乱，晚妆残，带恨眉儿远岫攒。

斜托香腮春笋嫩，为谁和泪倚阑干。——《捣练子令·云鬟乱》

晚妆初过，沉檀轻注些儿个。向人微露丁香颗。

一曲清歌，暂引樱桃破。

罗袖裛残殷色可，杯深旋被香醪涴。

绣床斜凭娇无那，烂嚼红茸，笑向檀郎唾。——《一斛珠·晚妆初过》

但是亡国之后，李煜的词一下子变成了这个风格：

四十年来家国，三千里地山河。凤阁龙楼连霄汉，玉树琼枝作烟萝，几曾识干戈？

一旦归为臣虏，沈腰潘鬓消磨。最是仓皇辞庙日，教坊犹奏别离歌，垂泪对宫娥。——《破阵子·四十年来家国》

春花秋月何时了，往事知多少？小楼昨夜又东风，故国不堪回首月明中。

雕栏玉砌应犹在，只是朱颜改。问君能有几多愁？恰似一江春水向东流！——《虞美人·春花秋月何时了》

果然是国家不幸诗家幸！然而要说李煜会因为自己的词流传千古而感谢赵匡胤把他的南唐给灭了，那李煜一定会狠狠唾说这话的人一脸——我只想做个吟风弄月的“皇二代”有什么问题么！

但是赵匡胤显然是不会按照李煜的想法来行动的。他花了一点时间处理了一下大宋内部的一些事情：比如黄河决堤、京城食粮危机、丞相危机等等，就坚定地将视线重新投向了南唐。如果赵匡胤此时有什么想对李煜说的，那一定是：我和你这种“皇二代”可不一样！我光是活着就已经倾尽全力了好么！现在你竟敢和我说什么只想保全国家性命！

的确，赵匡胤在乱世之中以一条哨棒起家，打下四百座军州都姓赵，从一个禁军军官实打实地干到皇帝，一次次把脑袋别在裤腰带上冲锋陷阵，做了皇帝以后也从来没有什么过于奢侈的享受。他将自己的全部欲望与精力都投入到征伐天下的大业中。现在，挡在他面前的最后一个阻碍就是南唐，他怎么可能放过李煜？

现在的大宋已经不屑于再找什么借口了。之前征讨那些小国时所找出来的借口无非只是障眼法，现在南唐孤立无援，大宋还要做给谁看呢？于是赵匡胤向李煜发出了明确召唤：我要祭天，你来咱俩一起啊！

李煜吓得要死，大哥，咱们要不要这么玩？你要祭天，没钱你说话，让我一起去什么意思？去了我就回不来了！

赵匡胤说，哎呀，你又没来怎么知道就回不去了呢？万一回得去呢！

李煜说，不行，反正我就是不去！要不你弄死我得了！

赵匡胤十分苦恼，你说你怎么就不理解我的一片苦心呢，你快到我碗里来……不来，不来我就把你夹过来！

于是开宝七年，公元974年，赵匡胤调集大军征讨南唐，而作为大宋忠实的小弟，吴越也派兵对南唐进行两面夹击。李煜不停地向赵匡胤解释、求饶，然而都石沉大海。李煜转过头来又向吴越求饶：哥们儿你想想，我没了你好得了么？我覆灭之日就是你倒霉之时，唇亡齿寒的道理你不懂么？

吴越王钱弘俶哈哈一笑，我这叫“带路党”，晓得不晓得？我投靠朝廷多少年了？老赵那儿早就把位置都给我留好了，你现在还想挑拨离间，别逗了！

后来的事实证明，钱弘俶的做法十分正确。他在南唐覆灭之后数次提出要举家搬迁进京，赵匡胤对钱家之优待自不待言——从成于宋朝的《百家姓》第二位就是“钱”姓可见一斑。而钱弘俶不仅保住了自己的荣华富贵，还让钱氏家族开枝散叶，一直绵延至今。即使是今天，钱氏家族也是赫赫有名。我们耳熟能详的钱钟书、钱三强、钱伟长、钱学森，都是钱氏后人。

李煜只能勉强抵抗，但是我们用脚趾头想一想也能知道，长期忽视军事建设的南唐怎么可能是军容鼎盛的大宋的对手！想和大宋掰腕子，南汉的象兵不行，契丹的骑兵不行，蜀国的雕面恶少不行，你南唐的这些人马自然也一样不行！节节败退的李煜绝望之中召集群臣，希望能一起商量出退敌之策。大家思来想去，觉得南唐只在一个方面对大宋有绝对的优势，那就是文化！咱们能不能和大宋来一次文斗？

在这种思路的引导下，南唐派出了号称南唐第一文化人，嘴炮无双、饱读诗书的老臣徐铉。南唐君臣都认为不用说别的，就说徐铉读过的书，就够把宋朝君臣集体火化一遍的，所以这次出马啊，这位老臣肯定会羞辱得赵匡胤哑口无言，问心大愧，良心发现，主动退兵！

事实证明，徐铉到了开封之后出手不凡，在朝堂之上慷慨陈词，狠狠地羞辱了一番“不义”的大宋：我们南唐侍奉你们大宋就像儿子侍奉老子一样，你们还有什么不满足的？嗯？你们这么做，对得起自己的良心么！嗯？

赵匡胤连连点头，你说得对啊，南唐和大宋确实就跟父子俩一样——不过我有个问题，你能给我解释一下不？

皇上您尽管问！我知无不言！（想难倒我？）

那我可就问了，你听说谁家爷儿俩不在一齐过日子的？我这是为难南唐么？我这是为了成全咱们两家的父子之义啊！

徐铉铩羽而归，李煜发现自己最后的撒手锏也完蛋了，现在南唐的覆灭就只是个时间问题了。

平心而论，以南唐的国力是有可能与大宋较量一下的——即使是已经苟延残喘的北汉，不也曾经在大宋的猛烈攻势下死撑了下来么？然而李煜的性格实在是太糟糕，不仅优柔寡断，更缺乏基本的识人之明。从小在皇宫里长大的李煜对战争无知到了可怕的地步，而他身边的这些奸臣也堪称极品——这些人竟然在宋军已经打到城下的时候还在忽悠李煜，说一切尽在掌握之中。而李煜作为一国之主，竟然就真的以为自己的处境还很安全，快快乐乐地在宫中玩耍。

在这种情况下，南唐不亡那真的是没有天理了。绝望的李煜最终选择了投降，率领文武群臣一起举起了白旗。

大宋自赵匡胤陈桥兵变开始，南征北战十四年，至此，初步统一了天下。一个疆域广阔的帝国和一个精明强干的君主向天下宣告了自己的崛起。而对黎民百姓而言，自晚唐以来的乱世终于归于一统，他们将迎来一个新的盛世。

从陈桥兵变算起，到灭南唐为止，赵匡胤已经在皇帝的位置上坐了十多年。在这十多年里，赵匡胤几乎每一天都在为了大宋王朝而呕心沥血，现在他终于能松一口气了。

群臣自然是十分开心——怎么看大宋都会是下一个汉、唐一样的大一统朝代。这意味着大家不仅荣华富贵享用不绝，十有八九也会名垂青史。就连李煜啊、刘鋹啊这些人也有点小庆幸——赵匡胤这人心大得很，眼下大宋欣欣向荣，多半是亏待不了自己的，虽然自己国灭了，但好歹还留了条命。只有一个人，心里有点不安。

这个人就是赵匡胤的弟弟，赵光义。

在当时，赵光义的地位很特殊，他是大宋的“隐皇储”。

什么叫隐皇储呢？这事得从残唐五代时说起，那时候有一个很奇葩的现象，就是立了太子，皇上不开心。而要被立为太子的人听到这个消息通常也不会很开心，说不定还要找出这个主意的人理论一番。

为什么会有这种现象出现呢？我们知道五代的时候是乱世，乱世里什么仁义道德都是假的，谁的拳头大谁说了算。一旦立了太子，对皇上来说，相当于在朝廷之内出现了第二个权力中心，大大增加了自己执政的风险。万一不幸摊上一个野心家，说不定前脚把他立为太子，后脚他就开始琢磨怎么干掉自己，风险实在太大，得不偿失。而对于太子来讲，一个继承权并不能保证他顺利继位，而当上太子之后自己手上实际的兵权却很可能受到影响，因此也是一万个不高兴的。

但是作为一个政治势力，没有继承制度又不太科学，尤其是五代的这些君主动不动就御驾亲征，万一死在外面家里又没有继承人，分分钟就又是一次改朝换代的节奏。因此大家反复权衡之下，发明了一种奇葩的玩法——“隐皇储制”。所谓隐皇储制，就是说我中意谁来接班的话不立皇储——但是我让你做亲王兼京兆尹。这么做的好处有两个：一是大家虽然都知道安排你在这个位置上以后是要接班的，但是你毕竟没有一个正式的名分，因此名义上咱们还是君臣，就不用太担心你哪天急着上位悄悄毒死砍死我了；二是虽然名分上没将你立为皇储，但封你做了亲王，使你的地位凌驾于群臣之上，又让你做京兆尹，相当于把首都地区的行政工作全都交给了你，这样也让你安了心，在紧急时刻接班也不至于手忙脚乱。因此这个方法风靡一时，大家都觉得十分科学。

大家一定还记得赵匡胤的皇位是怎么来的，周世宗死后留下孤儿寡母让他有机可乘。因此赵匡胤当上皇帝之后就十分注意这个问题，因此很早就将赵光义提拔为京兆尹，并默许他培植势力，不断坐大。在大宋成立之初，这么做是很有必要也十分正确的。然而随着大宋的疆土越来越大，赵匡胤的子女们年纪也逐渐变大了，这时候赵匡胤开始有点犹豫了：弟弟再亲，终究不如自己的儿子亲啊，这皇位，要不还是传给儿子？

然而经过多年的发展，赵光义此时的势力已经坐大。虽然最关键的禁军系统他一直没能插手进去，但是在开封的黑白两道上，早已全是赵光义的人了，因此赵光义能够很容易地从其他方面钳制住赵匡胤。比如说开宝二年（公元 972 年），在赵匡胤厉兵秣马的时候，三司的人就曾跑来和他汇报：皇上您这兵不能再练了。

要知道，当时正是赵匡胤准备拿南唐开刀的前夕。你们这些财务人员竟然让我停止练兵，这是自寻死路！我不练兵我招了这么多人马拿来干吗？

屯田啊！皇上您可能还不知道，开封城里没粮食了，您最好让禁军就地解散，集体转职成农民……

赵匡胤这暴脾气哪能忍得了这个，差点当场弄死三司的负责人。你们就这么管理我大宋的后勤的？三司的负责人则表示，皇上，这个开封城里人越来越多，我实在没招了，开封周边哪有那么多粮食？还不是全靠漕运从南方运粮，现在漕运效率越来越低，我们也不能凭空变出来粮食好不好！

事情越搞越大，最后赵光义挺身而出说，哎呀皇兄，这事不能完全怪三司，主要是官方粮食价格太低，漕运效率又一直上不来，南方运米过来不获利嘛。不如这样，以后漕运由我接手，保证再不会出这些问题，你看怎么样？

随着赵匡胤对自己儿子培养的力度不断加大，赵光义与赵匡胤两兄弟之间的矛盾愈演愈烈。当时赵匡胤中意的儿子是谁呢？这个人说起来可是大名鼎鼎，那就是传说中“手持金锏，上打昏君，下打谗臣”的“八贤王”赵德芳。赵光义对此当然是很不满意：皇兄今天让赵德芳去接待个外宾，明天让他去处理个政务，后天又加封他老丈人个官职，你想干啥？

赵匡胤自然知道自己这个皇弟心里的那点小算盘，两个人开始了暗地里的交锋。然而这种暗战让赵匡胤很不适应，作为一个听取大臣汇报工作时一言不合就拔拳相向的纯爷们儿，和自己弟弟钩心斗角这事既不符合他的性格，也不符合他的作风。因此尚不想撕破脸皮的赵匡胤索性做出了一个惊人的决定：咱们迁都吧！

这下大家都吓坏了，皇上，您要迁到哪里啊？

洛阳不错，咱们就迁到那里吧！

别闹了皇上……

赵匡胤的迁都是釜底抽薪之计：你不是把开封府营造得密不透风么？你不是开封黑白两道通吃么？我不在这里玩了，咱们换个地方玩好了！更何况洛阳当时的地方行政长官还是赵德芳的老丈人，迁都之后，赵光义就再也不会是个问题了。

然而群臣却激烈地反对这个迁都计划。要知道当时已经不是唐朝的时候了，洛阳周围的粮食养活一个洛阳城都捉襟见肘，要是迁都过去，几十万禁军和皇帝官员吃什么？再开一条运河么？开封的运河是经过几代人不懈努力才有了今天的规模，想要在洛阳再开一条差不多规模的运河，咱们大宋就变成大隋了。

赵匡胤对这些人表示了鄙视，你们啊，太年轻！太幼稚！开封需要这么多兵马的根本原因是什么？开封为什么必须依靠漕运才能活下去？因为开封周围一马平川无险可守！我迁都洛阳之后下一步呢，就还都于长安，长安你们晓得不晓得啊？汉唐故都！山河之险！那时候自然就不需要这么多禁军人马了啊。

作为大宋首屈一指的军事家、武术达人，赵匡胤的发言震慑住了大家，一时间群臣都觉得皇上说得好有道理，也就无力反驳。见此情景，赵光义施展出了最后的大招：皇兄，在德不在险啊！

不得不说，这句话真的是一记绝杀：你不是要迁都么？你迁都，就是对自己德行的怀疑！就是对大宋国运的质疑！就是对满朝文武品德的不信任！你迁啊！你迁啊！

赵匡胤沉吟许久（其实是被噎得没话说了），只得一拍桌子：你们这些不知道好歹的，不迁就不迁，以后有你们哭的那天！

顺带一提，在迁都过程中强力进谏的几个人，日后宋太宗时都是一路高升。

赵匡胤晚年一直被继承人问题所困扰。

开宝九年（976年）十月十九日夜，赵匡胤召赵光义入宫饮酒，当晚共宿宫中。赵匡胤平时就喜欢宴饮，这次哥儿俩一起喝酒难免就多喝了几杯。到了夜半时分，赵匡胤已经是大醉不省人事，赵光义则回到了晋王府。

赵匡胤的皇后宋氏招呼宫女们一起帮赵匡胤收拾，准备就寝。然而当她把赵匡胤弄到床上的时候才发现：赵匡胤此时已经死掉了！今天我们当然知道这八成是心梗脑梗脑溢血之类的毛病发作了，但是古人哪知道这些，当时宋皇后吓得魂魄出窍：皇上驾崩咧！

宋皇后迅速强迫自己冷静下来，这时候最重要的事情就是去赶紧找人来继位。然而由于赵匡胤生前并没有指定继承人，这时候实际上就是拼谁的动作快，于是宋皇后赶紧找来内侍都知王继恩——你赶紧到我儿子赵德芳府上，让他连夜进宫继位！

好嘞！

王继恩一路小跑，火急火燎地来到了……晋王的府上！赵光义吓了一跳，这大半夜来一个太监砸我家门是闹哪样？然而王继恩跟他讲，大事不好了，晋王殿下你赶紧跟我进宫，皇上没了！

赵光义大惊失色：这说没就没啊！

哎呀，您赶紧别废话了，快和我一起进宫吧！

然而赵光义这个时候却突然怂了起来，说要和家里人商量一下——这也是老赵家的传统了，每逢篡位啊、继位啊这种大事的时候，男人肯定要犹豫一下。当年赵匡胤准备兵变的时候，整个开封府传得沸沸扬扬。赵匡胤觉得，自己的事都搞得满城风雨了这还能成？于是忧心忡忡回家问家里人：大家都说我要当皇帝了，你们怎么看？当时家里正在做饭，看到赵匡胤这个样子，大家都有点傻。这时，赵匡胤的大姐拎着一条擀面杖冲了出来，给赵匡胤一顿打，打完了一顿痛骂：老爷们儿不出去干事回家吓唬老娘们儿干啥？我们怎么看？再回来起幺蛾子，我怼死你！于是赵匡胤心里有了底——家里比我还硬实，不要怂，起身陈桥兵变去也。

赵光义很好地继承了自己兄长的传统，在关键时刻开始犹豫不决，然而大家都一个劲地催促他：你去不去？皇帝啊！你不去别人可就去了！于是，赵光义最终下定决心，雪夜进宫。宫里的宋皇后正焦急地等待着外面的消息，看到王继恩心里一块大石落了地：我儿子在后面吗？

呵呵，是我啊，皇嫂……赵光义从王继恩身后转了出来。宋皇后大惊失色，继而明白自己用错了人，只得瘫软在地，痛哭流涕道：光义啊，你以后可得放嫂子母子一条生路啊！

赵光义说，嫂子你这是干啥，咱们这关系，我有啥好事还能不惦记着你们么！

顺带一提，王继恩后来留任宫中，一直以贪财闻名，赵光义却对他十分纵容。

于是第二天，大家惊讶地发现大宋的皇帝已经换成了赵光义。

官方的说法是，太祖皇帝赵匡胤感觉自己的弟弟雄才大略、英武不凡，于是逝世前召他进宫，将皇位传给了赵光义。然而这完全无法解释为什么赵匡胤的皇后在得知赵匡胤突然去世的时候，第一时间找人去喊自己的儿子赵德芳进宫。而赵匡胤的其他儿子则拒绝对这一问题发表意见。如果由赵德芳继位的话，那就说明以后大宋的皇位继承是“父死子继”模式，这几位就彻底没有了继位的可能性。然而由赵光义继位的话，按照“兄死弟继”的模式玩下去，以后轮到自己的机会还是有的……

于是在一片欢乐祥和的气氛中，赵光义欣然登基了。但是登基之后他经常听到一些不和谐的声音，什么哥哥离世前赵光义曾经留宿宫中俩人一番痛饮，结果好好的酒喝着喝着太祖皇帝就不行了，你说怎么这么怪啊；什么宫女太监们都看见了，俩人在屋里比比画画，赵光义抄起桌上的玉斧就给太祖皇帝来了一下子，等等，反正越说越玄乎。到最后，大家已经隐晦地得出了一个结论：肯定是赵光义那天下手弄死了他哥哥！

赵光义心里十分恐慌，自己不像哥哥，对大宋朝堂内外有着绝对的控制力。眼下朝廷内外人心浮动，这谣言愈演愈烈，说不定哪天赵德芳几个人拉拢一批禁军将领就把自己废掉另立新帝了。因此，当务之急是赶紧想办法增强自己的执政合法性！

于是赵光义开始了大折腾，他先是在年中改元——这种事情本身就十分罕见，一般都是等到新的一年开始时再改元。而赵光义则在登基之后就马上宣布改元，由开宝改为太平兴国，意思是我赵光义登基了，大宋就太平、振兴了！然后又给自己改名为“赵炅”，这个名字大有讲究，中国的封建朝代讲究的是五德始终说，也就是说一个朝代的兴起并不是偶然的，主要是这个朝代对应的“德”要兴起了。而大宋属于火德，所以赵光义改名赵炅。除了改元和改名以外，赵光义还大开科举，在朝廷里引入了新鲜血液，大赦天下，试图用这种办法来讨好大家。

但是这些都只是辅助手段，赵光义依然需要一个能够一锤定音的证据来证明自己继位的合法性。而所有手段里，对外战争无疑是最保险又最有助于他提高自己威望的办法：一来此时大宋只剩下北汉一个敌人在外，而这个政权早就到了苟延残喘的地步；二来大宋百战精兵正处于战斗力的顶峰；三来自己指挥下取得对外战争胜利，不仅能堵上朝里许多质疑自己能力之人的嘴，还能在禁军里树立自己的光辉形象。打定主意的赵光义果断决定：御驾亲征！灭了北汉！

不料这一次亲征，就引出了宋辽之间长达二十五年的大战！

【第二章】

两个大国的碰撞

持续二十五年的宋辽之战

北汉：拼图的最后一块

实际上，赵匡胤还活着的时候就已经准备向北汉下手了。

但在如何对待契丹人的问题上，赵匡胤和赵光义是有很大分歧的。

赵匡胤认为，北汉是一定要打的，但是契丹就不一定非打不可。一来契丹人和北汉之间的关系并没有那么密切，契丹人只是看在北汉例行的保护费上才勉为其难给北汉撑个腰什么的，如果自己能给契丹人足够的好处，那么契丹人自然就会放弃北汉；二来大宋连年征战，眼下已经是兵疲将劳，而国库倒是充裕了不少，如果用钱能换来自家儿郎的性命那当然是再好不过的。而赵光义则不这么想，他觉得我大宋兵强马壮天下第一，什么北汉契丹，在老子面前都是垃圾！因此赵匡胤还活着的时候，俩人就没少为了这事吵架。不过，赵匡胤始终还是坚持着自己的战略步伐，钝刀子割肉，持续在北汉身上放血。

现在赵匡胤死了，赵光义急需一个能证明自己文治武功的大新闻，因此赵光义索性玩了个大的——咱们御驾亲征，一鼓作气灭掉北汉！

于是太平兴国四年，赵光义在初步理顺了国内秩序后开始了他轰轰烈烈的北伐大业。他充分吸取了此前宋朝几次北伐失败的经验教训，认为赵匡胤时期北伐失败主要是由于每次都没能阻挡住来援的契丹人。因此他兵分两路，一路由潘美（就是后来《杨家将》里大家熟悉的那个潘太师）率领，负责四路围攻太原；另一路则由郭进率领，专门阻击辽军。

不得不说，赵光义在这个问题上的见解还是十分犀利的。宋军围困住太原之后，北汉一如既往地向契丹发出了紧急求援信号，而契丹人也一如既往地果断拔刀相助——又能大捞一笔了！于是辽国皇帝派南府宰相耶律沙带领一支人马，日夜兼程地赶去太原解围。然而这支部队在石关岭（今天的山西忻州南边一点）和守株待兔的郭进碰了个正着，两支大军隔着一条宽阔的山涧对峙。耶律沙是个老油条，已经和宋军打过不止一次交道了，觉得这次宋军早有准备不适合轻举妄动，最好等援兵来大家一起打过去比较稳妥。但他的监军耶律抹只和翼王耶律敌烈都觉得宋军不堪一击，肯定不是我大辽铁骑的对手。大家谁也不能说服谁。这时候耶律抹只等人只好发挥能动手尽量不吵吵的天性，带领自己麾下的人马果断杀向宋军。结果毫无悬念，前后脱节的辽军被宋军半渡而击，打到生活不能自理，强行出击的多名将领被斩于马下，宋军斩首万人，大胜而归。要不是北院大王耶律斜轸及时赶到，这批辽军就要全军覆没。

经此沉重一击之后，辽军元气大伤，而北汉则彻底断了念想。赵光义亲临前敌指挥战斗，施展出了水淹火攻撒传单等种种手段，就差亲自上阵、用大喇叭向北汉君臣喊话要求投降了。为了向北汉和契丹人炫耀自己的武力，赵光义不仅亲自披甲上阵鼓舞士气，还搞了无数武林高手在阵前进行武术表演，什么“天外飞仙”、什么“一剑倾城”、什么“独孤九剑”，什么“隔山打牛”……唬得北汉和契丹人是一愣一愣的！

北汉则拼死送出信使向契丹人求援，契丹人表示我们也不是从地里凭空长出来的，前几天死了那么多人哪还有人马能帮你。最终，绝望的北汉君臣只得打出白旗，向大宋投降。

至此，北汉十州四十一县尽皆臣服大宋，赵光义完成了他哥哥没能完成的事业，大宋算是彻底君临天下了。群臣自然向赵光义送上马屁无数，整个大宋王朝境内大小官员与百姓也是欢欣鼓舞，然而赵光义却还觉得不够——这从出兵到拿下北汉才用了不到半年，不过瘾啊！我要顺势拿回燕云十六州！打回燕京去！

群臣吓了一跳：皇上，您差不多得了啊！

此时的赵光义已经被胜利冲昏了头脑，谁的劝阻也听不进去。大家表示，皇上你看咱们刚打下北汉，士兵损失挺大也没赏赐，这和辽国开仗兵力不足可是大问题啊！

赵光义说，呵呵，兵力不足是吗？枢密使曹彬给我全国动员！各地屯兵都调到前线来！把伤兵替下去！

大家又说，那咱们粮草也不够啊！这么多人一来一回的，咱们出来时候带的粮草基本都吃干净了，还怎么接着打啊！

赵光义冷笑一声，养兵千日用兵一时，把东京河北的战略储备仓库都给我打开！把大宋历年的战备粮都给我调过来，跟辽国人玩命！我这次铁了心要拿下燕云十六州，谁敢挡我的道，我就灭了谁！

宋辽的第一次全面碰撞

于是在这种氛围下，宋军开始了疯狂的进攻。

要说辽国对宋军可能乘势攻过来这事一点防备没有那是假的。早在耶律沙等人前去援助北汉的时候，辽国就已经派北院大王耶律斜轸在燕京一带加强戒备了。耶律沙大败之后，契丹人更是加了十二万分的小心，但是他们万万没想到，赵光义会疯狂到在灭掉北汉之后举全国之力打过来！因此，仓促之间竟然被宋军一路平推到燕京城下。宋军接连大败辽军，一时间声势无二，而燕赵之地的汉人百姓也纷纷响应。赵光义十分得意，觉得自己拳打北汉，脚踢契丹，夺回燕云十六州那是指日可待啊！

但是赵光义忽略了一个重要的问题，那就是辽军可是以骑兵为主的，而宋军却恰恰缺少骑兵。

我们之前提到过，在宋朝初期有一个短暂的气候回暖时间，这固然使得大宋能够更好地休养生息，但同样也使宋朝境内的马匹栖息地大幅度减少。马这种动物喜寒畏热，因此宋军的战斗序列里骑兵并不是绝对的主力。这个问题在宋军对抗后蜀、南唐这些更南面的国家时并不是问题——他们的骑兵比宋军还少！但在对抗北汉和契丹时就成了一个大问题。骑兵不仅赋予辽军更强的战斗力，更重要的是，还带给他们惊人的机动性。被胜利冲昏头脑的赵光义以为自己一定能在辽军缓过神来之前拿下燕京，夺回燕云十六州！但此时辽国铁骑已经开始集结，准备反杀回来了。

宋辽的第一次全面交锋，就此展开！只是双方谁也没想到，这会是两国几十年血腥纠缠的开始……

赵光义的如意算盘打得很响，自己现在兵锋正盛，挟大胜北汉的余威一鼓作气杀过去，之前刚大败了一阵的契丹人未必扛得住。况且燕云十六州割让给契丹到现在不过四十年，许多汉人依然心向中原正统。要是再过几年这些人都死了，契丹教育下成长起来的新一代怎么想那就难说了。事情也正如赵光义预料的那样，宋军势如破竹，一路上州城府县汉人守将纷纷献城，百姓踊跃参军，箪食壶浆以迎王师。

在这种欢快的气氛中，赵光义一路打到燕京城下，将燕京城围了个风雨不透水泄不通。大宋军队士气极度高涨，纷纷向赵光义请战。

此时燕京城里的守将有两个，一个叫耶律学古，而另一个则是日后大名鼎鼎的白马银枪韩德让——也就是日后和大辽太后同居并和宋真宗签下澶渊之盟的那位传奇人士。然而当时这两位每天的工作就是守城与争论。原来宋军围住燕京之后，整个燕云十六州都大为震动，各地守将纷纷来降。宋军又不断向燕京城里的守军宣传“自己人不打自己人”啦，“全燕赵的汉人联合起来推翻契丹人统治”啦，搞得燕京城里人心动摇。守将之间彼此也看不顺眼——你这个汉人今天不敢正眼瞅我，是不是想投降心里有鬼？你这个契丹人紧盯着我，难道要搞我？在这种情况下，燕京城的状况一天比一天糟糕，眼瞅着就要完了。

赵光义心情此时极度舒畅，燕京城此时孤立无援，燕云十六州各地的起义风起云涌，耶律斜轸领着一群残兵败将在燕京城外的清沙河附近只敢摇旗呐喊而不敢进攻。他盘算了一下，觉得自己必须、一定以及肯定能在辽国的援军抵达前拿下燕京城。辽国平时布置在幽燕之地的这十来万人已经都在这里了，不是被自己打得落花流水就是被自己围得水泄不通，而更远的契丹军队此时还没有调动的迹象——这是稳稳要赢。

实际上，赵光义从太平兴国四年的六月二十三日就开始了对燕京的进攻，而辽景宗直到六月三十日才知道这事。大惊失色的辽景宗把手下痛骂了一顿，然后迅速派大将耶律休哥领兵日夜兼程前去支援燕京。要知道，按当时的日子推算，辽景宗应该正在位于内蒙古的“夏捺钵”（辽帝的行营）中，与燕京相距怎么也在千里开外。然而契丹人展现出了可怕的战争效率，从商定出兵事宜，到进行战略动员，再到日夜兼程赶往前线，契丹人一共只用了七天。

在这七天里，不知道韩德让和耶律学古俩人经历了什么，我们之前提到过赵光义的鬼畜攻城之道，这两个人在赵光义的疯狂攻势下竟然想方设法安定了城内的军心，并勉力支撑了下来，不得不让人感叹。而宋军经过十几日的猛攻之后，也已经是人困马乏、疲惫不堪了。

就在这个节骨眼上，契丹人的援军赶到了。

通常来讲，性格耿直的契丹人没有太多的花花肠子，援军一到之后就是开兵打仗。然而耶律休哥号称“大辽军神”，自然不一样。他先是让一起领军出征的耶律沙和盘桓在燕京城外的耶律斜轸合兵一处，一起前往高梁河向宋军邀战。宋军正是攻不下城心浮气躁的时候，一看耶律斜轸竟然还领来了援兵！顿时恶从心头起，果断迎战。而耶律沙虽然带来了援军，但是精锐却都在耶律休哥手里，因此完全不是宋军的对手。

这时候辽军的优势开始显现出来，大辽铁骑来去如风，就算是被打得落花流水，那也是机动性很强的落花流水，而人困马乏又以步兵为主的宋军虽然能够击溃辽军，但却始终追不上他们。于是在两拨人马纠缠的时候，天黑了。

耶律休哥领着精锐骑兵从侧翼疾驰而来，还十分鸡贼地让每人手持两个火把，造成了一副“我有兄弟千千万”的架势。打了一天的宋军哪受得了这个，当时就决定后撤到高梁河后面据河而守。然而已经晚了，耶律休哥和耶律沙等人兵分三路，一路正面同宋军纠缠，两路从两侧骚扰夹击，一时间宋军大乱，眼瞅着战局就要崩溃。

赵光义此时死的心都有了，自己这燕云十六州看样子是拿不下来了。经此一役，宋军能全身而退就已经是谢天谢地了。不过他安慰自己，好歹耶律休哥援军来得突然，燕京城里此时估计还没接到信，没从后面再夹击一下，不然真的就完了……

赵光义肯定不知道，20 世纪的心理学家们有一项很著名的研究成果叫“墨菲定律”，就是“当一件坏事有可能发生的时候，那么它就一定会发生。”在赵光义惊恐的眼神中，被宋军蹂躏了小一个月却依然顽强闭锁的燕京城城门豁然洞开，韩德让等人领着城里还能动弹的辽军杀出城来。

剩下的事情就没什么好说的了，除非是天神下凡，又或者是赵光义的军队里个个都是武林高手，否则没有什么人能挽回宋军的颓势了。宋军一退再退，一败再败，在乱军之中赵光义和手下将领完全失散。我们的太宗皇帝屁股上中了一箭，以至于最后连马都骑不了，被手下抬到驴车上仓皇南逃。

不得不说，开国之初的宋军战斗力还是十分惊人的，即使是这样的乱军之中，宋军依然对辽军造成了巨大的杀伤。辽军主帅耶律休哥身受重伤，打到最后已经昏死过去，同样被手下抬到了车上继续指挥战斗。

最终，赵光义在这场“竞速赛”中取得了胜利，逃回了涿州。按理说这时候赵光义应该进城养伤，顺便收容溃军准备再战。然而被吓破了胆的赵光义琢磨了一下，觉得契丹人战斗力如此强大，这涿州城肯定是挡不住他们的。因此为了大宋社稷考虑，我必须继续战略转移！再向南转移！赵光义不知道，自己的仓皇逃窜给手下将领们带来了多大的恐慌……

赵光义疯狂南逃，以至于把宋军全都丢在了身后。

被抛弃的宋军一路溃败到涿州，大家勉强稳住局势，收拢了一下残兵后才发现自己的皇帝没了！一些人开始有了不好的预感：我瞧见咱们皇上屁股上挨了一箭，这兵荒马乱的，屁股中箭又没法骑马，皇上是不是已经遭遇不测了？

一种恐慌的气氛开始在涿州城里蔓延，大宋吃了立国以来最惨的一次败仗，损兵折将不说，可能连皇帝都赔给人家了。真死在乱军之中倒还好办，万一皇上是被人抓了俘虏可咋办？这契丹人要是拎着咱们皇帝到两军阵前说点啥不好听的，咱们大宋的脸往哪儿搁啊……因此当务之急，是赶紧找个新的带头人出来，一来稳定军心，二来带大家渡过难关，三来……三来把这次大败的锅都甩给不知所踪的赵光义。这个想法一经提出，立刻受到广大将领们的热烈欢迎——甭管咱这仗打得是输是赢，这事要是成了，拥立之功可比什么都要大啊！

而此时军中恰好就有一位血统高贵、出身不凡，适合被拥立的大人物——赵匡胤的二儿子赵德昭！他在赵光义登基之后被屡屡加封，这次出征时他已经是武功郡王、检校太尉了，一直被视为是潜在的皇位继承人之一。因此大家十分顺理成章地就要推举他担任大宋的新领导人。

然而就在赵德昭和诸位拥立大臣半推半就的这会儿，有人忽然跳出来说他看见赵光义了，皇上屁股上中了箭坐驴车逃跑……不对，是转移了！赵光义也终于开始觉得不太对劲——带出来这么多人马，怎么身边就剩下这么几个了？是不是我转移得太快把他们落下了？于是决定试着和涿州的这些人联系一下，大家才发现原来皇上还活着，当时的气氛真是无比尴尬……

先安内！

此时赵光义的心中十分不是滋味，自己一意孤行的北伐可以说是彻底失败了，屁股上又挨了一箭，钻心地疼，现在这些大臣们又准备另立新君。赵光义觉得自己这脸算是彻底没有了。

于是，灰头土脸的赵光义匆忙布置了一下后续的防御工作就带着同样灰头土脸的文武群臣回到了开封城。到家之后，赵光义先是高调处分了在这次高梁河之战中犯下错误的几个将领——朕的英明战略都败坏在你们这些废物手上！然后又大大申斥了一番文武百官——你们这些不给力的废物，关键时刻没有一个能给朕分忧解难！最后越说越气的赵光义决定，打下北汉的功劳也不要再赏了，你们这些废物没帮朕拿回幽燕之地，都是死罪！之前打下北汉的功劳就当是将功补过了！

大家瞬间有点蒙——当初非要打契丹的人可不是我们啊皇上！我们拼死拼活打下来太原城你寸功未赏，儿郎们死的死、残的残，现在你说不赏就不赏了？这是人干的事么？

大家都有点看不下去，然而也不太方便说什么。但是赵德昭觉得这些文臣武将之前商量着要拥立自己做皇帝，自己这个时候什么都不说好像不太好。因此，赵德昭就跑去劝赵光义：那啥，叔啊，你看你这么干是不是有点不合适啊？

不劝还好，一劝赵光义的邪火更往上冲：不合适？合不合适关你啥事！你想赏等你当了皇帝再赏！

赵德昭被大骂了一顿，叔侄俩算是彻底闹翻了。怒火攻心的赵德昭到家之后越想越憋屈，想到自己当年没争这个皇帝位子，今天让赵光义骂得跟孙子一样，觉得人生彻底没了奔头，于是索性自杀了。

赵光义闻讯后大惊失色，跑到赵德昭灵前失声痛哭：你，你死得好啊……不是，是好惨啊……

赵德昭死后不久，他年仅二十三岁的弟弟赵德芳也不幸去世。赵光义又是一番痛哭流涕，文武群臣则沉默不语。这征辽失败回来，赵匡胤的儿子就都死了，还都是年纪轻轻暴毙，这里面的龌龊事指不定有多少呢，我们还是别吱声好了。然而有一个人却觉得自己必须站出来发声了，不说不行！这个人于是毅然决然地找到赵光义，十分严肃地对他说：皇上，我有一事，不知当讲不当讲。

这个人就是赵普。

赵普和赵光义的关系一向不好，两个人在赵匡胤那会儿就整天撕，撕得赵匡胤十分不爽。后来，由于天下接近一统，赵普得罪的人又太多，赵匡胤索性来了个卸磨杀驴，把赵普贬官贬到外地了。现在赵普找到赵光义，让赵光义很是意外：嘿，赵普，你是来自寻死路的么？

嘿嘿，皇上，我死不死都是小事，您要是还看我不顺眼马上砍了我也没问题。但是您把我砍了，当年杜太后（赵匡胤生母）临终前嘱咐您皇兄的事，可就没法知道了……

嗯？啥事？

没啥事，就是杜太后临终那会儿啊，叫我和您皇兄过去，嘱咐了点事。好像是什么“周鉴不远”，什么“兄死弟继”，什么“千万传给你兄弟”

什么的，哎呀，臣这脑袋也记不太清了。

不行啊！赵普……不，赵爱卿！这是关键问题啊！你不能记不清啊！再好好想想太后当时到底咋说的！

哎呀，皇上，我得了一种“不让我当丞相就想不起来当年太后遗嘱是啥”的病，您看这一时半会儿真就想不起来了可咋整……

不行！我相信你肯定能想起来！来人啊，给赵丞相看座，倒茶！赵丞相，您看看这下您想起来了没……

想起来了！皇上我跟您说，当初太后临终前和太祖皇帝约好，为了避免出现周少主登基后有人篡位的危险，一旦太祖不行了就把皇位传给您，还写个遗嘱存了起来，叫“金匮之盟”。我当时作为主笔，全程操办这事！

赵光义和赵普相视而笑，大家都从老对头身上得到了自己想要的东西，顿时生出一种惺惺相惜的感觉。第二天，两人一起火速把这事宣扬了出去，而赵普也迅速官复原职，重新成为大宋王朝的文官之首。大家在将信将疑之中，也就勉强接受。

“金匮之盟”这事让赵光义和赵普俩人都十分开心。然而有一个人却不太开心，那个人就是赵廷美，赵光义的四弟。

理论上来说，赵廷美当时也是潜在的皇位继承人之一。但是这种事大家心里也都很清楚，就赵光义的那个作风，这个皇帝肯定轮不到赵廷美。赵德昭是怎么死的？被赵光义挤对死的！赵德芳又是怎么死的？好端端在家就暴毙了！

现在，赵德昭他们都死了，你搞出来一个“金匮之盟”，说咱妈留下了遗嘱让哥哥传位给你就完了？咱妈没提我？一个字都没提？这可能不？

因此赵廷美十分不爽，他意识到自己的这个哥哥完全没有与自己分享权力的意思，所以兄弟俩之间的冲突也不断爆发。

赵光义很苦恼——自己的两个侄子死得不明不白，已经有很多人嚼舌头了。因此，他觉得自己最好能妥善处理这个问题，让自己的兄弟消停下来，但是赵普的一席话打消了他的这个念头。

赵普说：你哥傻，你也傻是不？你哥赵匡胤要是当机立断一点，这皇帝还能轮到你当？

赵光义豁然开朗：我知道该咋办了！

于是，两个人开始了对赵廷美的大迫害。这场迫害颇为简单粗暴，分为三个步骤：

首先，宣徽北院使柴禹锡——这个职位专管祭祀与会务，和监察一分钱关系都没有——向赵光义举报：赵廷美跟丞相卢多逊图谋不轨！

接着，赵光义发出重要旨意，调集人马开始查案。大家查来查去，得出两个结论：第一，赵廷美飞扬跋扈，拉拢群臣；第二，卢多逊曾经说过，要是有天皇上您死了，他就效忠赵廷美。这个万恶的“谋反小集团”还策划了一系列有组织、有预谋，计划周密的谋反方案：比如说毫无兵权的赵廷美利用皇上的大意心理，将在金明池里对防护周密的皇上下手；更令人发指的是，假如这个计划失败的话，他们还计划让赵廷美装病，然后在赵光义探望病人的时候暴起发难！简直是丧心病狂！

任何智力正常的人大概都不会相信卢多逊和赵廷美密谋多年就搞出了这么个脑残的计划，然而赵光义就信了！不仅赵光义信了，办案的诸位大臣也都信了！大家十分愤怒：这怎么行！赵光义安抚了情绪激动、要求马上处死这两个人的文武群臣，告诉大家我是一个重视骨肉亲情的皇帝啊……然后下旨将卢多逊与赵廷美两人贬官的贬官、流放的流放。大家十分感动：皇上您真是太仁慈了！

赵廷美被贬斥之后一直处于“监视居住”的状态，没几年就抑郁而死。赵光义终于将所有可能对他地位造成威胁的人都一一清理干净，在大宋建立起说一不二的统治地位。

此时的赵光义十分舒心，于内，他巩固了自己执政的合法性；于外，大宋接连几次击退了前来报复的契丹人。国内百姓无不对自家皇帝交口称赞。而通过几次大规模的科举，赵光义又笼络了整个大宋朝的读书人。现在的大宋境内，再也没有人敢对他指手画脚了！

志得意满的赵光义在精神上得到了极大的满足，然而他的身体却始终处于煎熬之中。高梁河之战中屁股上中的那一箭留下了顽固的箭疮，隔一段时间就会发作。苦不堪言的赵光义多方寻找名医，但始终没能根治这个毛病。

于是已经天下无敌的赵光义，在箭疮的折磨中开始了他最后的折腾……赵光义踌躇满志，终于理清了国内政局，准备和辽国一决雌雄了。

而辽国自从高梁河一战之后，也始终憋着想找宋朝的麻烦。从太平兴国五年到太平兴国七年，辽军不断大规模出击，连辽景宗御驾亲征都搞了两次，始终保持着对宋朝的战略主动权。

大宋对这种局势很不满——你想来就来，想走就走，拿我当什么了？但很不幸的是，宋朝缺乏产马地，在辽国来去如风的铁骑前只能处于守势。而辽国对这种局势也不太满意——虽然我想来就来，想走就走，可每次都在外围活动，没什么大的斩获。

太平兴国七年，辽景宗耶律贤病死，年仅十二岁的幼子耶律隆绪继位，是为辽圣宗。而摄政太后则是著名的一代美人萧燕燕，也就是我们前文提到的那个死守燕京的韩德让的初恋。当时萧燕燕也只有 29 岁，主少臣疑，加上高丽人和女真人又一直不老实，于是也就没人再提跟大宋开兵见仗的事了。

对此赵光义表示呵呵。你在我边境上摩擦了三年，现在你说不打就不打了？你说和平就和平了？我从高梁河回来那会儿你怎么不跟我提和平呢！打，准备人马，往死里打！

然而人咱们大宋不缺，可马该上哪里去找呢？大宋一向缺马，当年打下北汉之后俘获了四万多匹马，大宋满朝武将差点都乐疯了。然而要打契丹，这点马根本不够用啊！人家可是动不动就十万骑兵、一人双马啊！你这点马在人家面前根本不值一提。逼急了的赵光义最终将目光投向了大宋的西北，那里后来有一个我们所熟知的名字：西夏。

西夏当时还不叫西夏。“安史之乱”的时候，郭子仪担心当时定居在四川的党项人作乱，于是跟朝廷一合计，干脆将这些人移民到了陕甘宁一带。后来黄巢起义，唐僖宗号召各族前来勤王，党项人果断派兵支持。于是搞定了黄巢这事以后，唐僖宗加封当时的党项人首领拓跋思恭为“定难军节度使”，其势力范围以夏州为中心，后被封为夏国公，赐姓李。于是，这些人摇身一变成了正儿八经的藩镇节帅，势力开始膨胀。然而膨胀归膨胀，他们对自己的实力认知还是很清楚的，始终坚定不移向中原王朝进贡称臣。在赵匡胤时代，出于牵制契丹与北汉的考虑，大宋对这些党项人十分优待，赵匡胤在杯酒释兵权时还十分豪爽地给了他们政策——别的节度使死后彻底收回领地，你们就自己世袭得了！当时的定难军节度使李彝殷还曾派兵和赵匡胤一起打过北汉，可谓交情深厚。

然而随着大宋朝天下一统，权力欲极强的赵光义加紧了从各地节度使手中收回权力的步伐。党项人开始感到不满。而此时的银夏一带，随着气温的回暖与李氏家族多年经营，早已不是郭子仪迁徙这些人时的贫瘠之地了。这些党项人要钱有钱、兵强马壮，关键是竟然还在鄂尔多斯发现了上好的青盐田！要知道，以前中原王朝控制党项人最大的撒手锏是什么？盐铁茶啊！七天没盐吃这些西北汉子连路都走不稳，还造个什么反！但现在，再也没有什么能够阻止党项人崛起了。

太平兴国五年，定难军节度使李继筠去世，他的兄弟李继捧嗣位成为党项新一代首领。大家开始纷纷表态——凭啥你来当领导人啊！要是兄弟能嗣位，我这做大爷、叔叔、兄弟、隔壁三大爷家亲戚的，难道就不行么？

李继捧表示，你们别闹啊，我哥孩子小，我就当了这个节度使怎么了？再废话就收拾你们！

大家对此的态度是呵呵，我们是吓大的？

于是太平兴国六年，银州刺史李克远与其弟李克顺领兵袭击夏州。不过，早就得到消息的李继捧以逸待劳，将李克远的部队包了饺子，狠狠震慑了一下蠢蠢欲动的党项贵族们：逆我者亡！

赵光义十分关心这事——当然，他更惦记这些党项人的产马地。赵光义以光的速度向李继捧下了诏令：你好好的啊，你的地盘总这么乱，你到底行不行？要是不能干，咱们就换人了啊。

嗅到不一样气味的党项贵族们一下子兴奋了起来：我们或许正面干不过你，但是我们可以抱宋朝的大腿啊！于是大家积极踊跃义愤填膺地向大宋皇帝揭发李继捧的种种问题，强烈要求赵光义调查李继捧。其中最为踊跃的，是李继捧的从父（相当于李继捧的远房表叔），李克文。

赵光义十分开心：这真是瞌睡送来枕头啊！那个，李继捧，你进京来述职，和朕谈谈工作是怎么搞成这样的！李克文，你先把夏州这边的事情管起来，顺便，我再派个人帮你一起管！

在强大的压力下，李继捧不得不接受自己的命运，携家带口进京述职了。而赵光义则得以将大宋的势力渗透到夏州一带，只要再给他几年时间，在夏州站稳脚跟，再让李继捧稀里糊涂一死，大宋就能够名正言顺地接管夏州，从而拿到自己梦寐以求的战马产地！到时候铲平契丹不再是梦！

不过有一个人却不这么想，这个人就是李继捧的弟弟，李继迁。

据说李继迁这哥们儿有勇有谋，生下来就带着牙。他知道哥哥被逼进京述职之后十分生气，决定拉起队伍，跑到大漠里去打游击。赵光义对这事不屑一顾——你哥哥有钱有人都玩不过我，你要名分没名分，要人马没人马，到大沙漠里扯旗反叛？搞笑么，不饿死在沙漠里就算你能耐了！大家纷纷点头赞同，认为皇上您讲得好有道理，李继迁要啥没啥，难道要靠卖身来招兵买马么？不如就放他去吧，由着他折腾，折腾不动了自然就消停了。

然而出乎所有人意料的是，李继迁真的卖身了，而且成果斐然！他在大漠里的众多部落之间不断周旋，同众多部落首领联姻——哥哥我是正宗拓跋氏传人，根正苗红！现在大宋准备吞并咱们党项人的土地，我愿带领咱们党项人进行伟大的反抗。还有，你们要是不放心就把姑娘嫁给我，到时候咱们就是亲密的联姻氏族了，同呼吸共命运啊！一时间众多党项小部落纷纷纳头便拜，一个个部族首领的姑娘送进李继迁的帐篷里，一杆杆造反的大旗就这么在西北边陲立了起来。

大宋君臣觉得这太有病了。要知道，正牌继承人李继捧还在汴梁城里被软禁着呢，你们党项人就另立新主了？给我狠狠地打！李继迁丝毫不惧，同大宋军队展开了激烈的斗争，虽然宋军在前期取得了一定的胜利，然而李继迁的队伍却屡败屡战。到了雍熙二年，李继迁甚至能够斩将夺城，打进了银州城！虽然没过多久李继迁的队伍就被宋军又一次打得四散奔逃，然而他却成功地在大宋西北钉下了一根钉子，大宋未来百年的命运都深受其影响。

而赵光义则庆幸自己终于能够从西北的平乱中抽出身来，现在的大宋终于可以实现多年以来的夙愿，和万恶的契丹人一决高下了！踌躇满志的赵光义集结了大宋所有的精锐，宋辽边境上战云密布，一场决定国家命运的战斗就此打响！

雍熙北伐：一次灾难性的军事失利

赵光义充分吸取了上次伐辽失败的教训，兵分三路。一路以曹彬与米信为主帅，东出雄州，主攻幽州；一路以潘美为主帅，杨业为副帅，西出雁门关；一路则以田重进为主帅，中出飞狐峪。

赵光义是这么打算的：这三路人马里，曹彬是昔日灭后蜀与南唐时的主将，潘美是灭南汉的主将，米信和田重进是赵光义的心腹将官，杨业——也就是大家耳熟能详的杨家将中老令公杨继业的原型——在对辽战争中战功赫赫。三路大军共聚精兵二十万，加上后勤保障人员，总兵力接近百万，可以说赵光义这次是彻底把大宋家底都掏了出来，决心和契丹人一决雌雄。

赵光义想得很好，潘美他们从代州打过去，契丹人的防守重心一向是围绕着南京（也就是燕京）展开的，所以让曹彬在正面牵制契丹人，潘美在西路杀他个天翻地覆。田重进则在中路将契丹人的援军分割开，为潘美创造一个不受干扰的作战空间，然后大家在把幽州以外的地盘收复得差不多之后，合兵一处，拿下燕京城！

完美！

契丹人呵呵一笑：他强任他强，我用托比昂……不对，是清风拂山岗。

任你三路来，我只一路去！你们宋军连自己边境那点地方都守不住，燕云十六州这边一马平川的地形，拿不下南京城作支点，你们打进来随时都可以被打回去嘛。所以辽军就像宋军预测的那样，将自己的主攻方向确定在了曹彬身上！太后萧燕燕果断命令南京留守、昔日高梁河一战中打得赵光义灰头土脸的耶律休哥前去迎击曹彬。由东京留守耶律抹只率领机动力量驰援耶律休哥，自己则带着小皇帝组织战略预备队准备御驾亲征。至于潘美他们，就交给耶律斜轸带一支人马和他们周旋吧，只要耶律斜轸能起到迟滞、干扰宋军的作用就算完成任务。

于是整场大战的关键，现在都落在了曹彬身上。

曹彬表示自己的情绪不是很稳定。一方面曹彬是太祖的心腹将领之一，和赵光义之间的关系并不怎么密切，赵光义甚至是有点忌惮曹彬的。然而作为享誉天下的名将，这种规模的战役不让曹彬参与又不太科学，所以曹彬虽然成了东路军主帅，但是对这支队伍的操控却一直不是很到位，而另一方面，东路军的粮食快吃没了。

这实在是很荒谬，兵马未动粮草先行，大宋要打这么大规模的仗，粮草肯定是早就准备好的。但一方面辽军骚扰得厉害，另一方面可能宋军的后勤调度上也确实存在一些问题，所以东路军的粮食供应出现了问题。

怎么办呢？曹彬当时已经打下了涿州，和耶律休哥隔着一条涿水大眼瞪小眼，战略相持的任务做得很好，但是相持得再好，没有吃的也相持不下去。于是曹彬思前想后，决定收缩一下，退回雄州。

曹彬的想法很好，涿州是个小城，无险可守，只要粮草补给供应充足，宋军随时可以再把它夺回来。但要是因为死守涿州而导致大军内无粮草外无救兵被辽军吃掉，那麻烦可就大了。但是远在开封的赵光义听到这事却大发雷霆：曹彬你脑子进水了？哪有两军对垒反而跑回来要补给的道理？你给我顶上去！赵光义在开封城中向瞬息万变的燕云战场发出旨意：曹彬必须立刻返回涿州，并与米信部汇合，严格按照战役最初的战略构想同辽军进行战略对峙！

于是曹彬按照皇上的指示，又一次带着队伍打回了涿州。然而这一来一去，队伍里不满的声音可就越发高涨了。大家认为，咱们东路军宿将最多，实力最强，可开战以来什么都没干！人家西路军和中路军却是捷报连连，曹彬你还能不能带领我们了？曹彬心想，这都是皇上嘱咐的我有什么办法！但失去了皇上宠信的他却再也不能像打南唐时那样对自己手下的将领进行有效的约束了。

曹彬领着东路军开始了龟速的进军，说是龟速，实际上比真正的龟速可能还要慢一点。从雄州到涿州一百多里的路，大军竟然走了二十多天，平均每天进军不到五里！之所以如此之慢，一方面是由于辽军一直在利用自己的轻骑进行骚扰，另一方面则是由于唯恐冒进出事的曹彬要求全军边走边在道路两边挖反骑兵壕沟防止辽军大举进攻。而此时萧太后的主力正在日夜兼程赶往涿州的路上！于是等疲劳的宋军终于有惊无险地拱到涿州城的时候，他们惊讶地发现现在他们要面对的已经不仅仅是原来的地方守备军了……

在这种情况下，撤退成了曹彬唯一的选择。然而契丹人可没那么好说话：陪你扯了这么半天，你想不留下点什么就走？哪有那么容易！耶律休哥领着辽军精锐立刻衔尾而上，试图从宋军身上狠狠地咬下一块肉。

终于，宋军在岐沟关北被辽军追上了。深夜曹彬和米信突围时，被契丹人在拒马河杀了个人仰马翻。侥幸脱逃的宋军成了惊弓之鸟，在逃到易州的时候又被耶律休哥追上按在地上一顿揍，数万宋军哭着喊着抢渡沙河，又是死伤无数……

至此，赵光义的北伐计划算是彻底破产了，但是赵光义却不想就这么把西路军和中路军撤回来：我不是打不过你么？行！我撤军！但是我费了这么大劲，不能白费！潘美，你们把山后几个州的军民都给我撤回来，我要让这些契丹人拿回去一片白地！

然而这一耽误，出事了。

当时西路军的主将是潘美，副将是杨业，还有个监军，叫王侁。

杨业原名杨重贵，家住太原一带。他的父亲是个特别能打的地方豪强，最开始看不惯契丹人总到自己这里“打草谷”，于是自己拉了一支队伍和契丹人互殴，自称麟州刺史。后来后汉招降了这个好汉，杨业则几经辗转，到了刘旻手下——这哥们儿后来改名叫刘崇，在后周灭后汉时拒不投降，建立了北汉政权。刘崇为了拉拢杨业，收了他做干孙子，赐名刘继业。大宋灭北汉时，他一直抵抗到最后一刻，到最后北汉主刘继元投降了，他还在坚持战斗。赵光义对他这种战斗到底的行为极为欣赏，于是让刘继元劝降了他，之后给他恢复本名，并任命他为知代州兼三交驻泊兵马部署。

杨业在新的岗位上可谓恪尽职守，在和辽军的大小战斗中立下了汗马功劳，被契丹人称为“杨无敌”。而当时他的上级则是三交都部署潘美。潘美看杨业这么抖，心里多少有点不痛快——你一个降将整天无敌无敌的，我算什么？不过杨业的确太能打，看在这一点上潘美也就勉强容忍了他的存在。

然而在这次撤军的具体方案上，两个人发生了分歧。

杨业觉得正面硬碰硬无异于自寻死路——还是死得最快的那种，咱们应该采取委婉一点的办法，一方面联络内地守将接应，一方面用弩手和骑兵互相策应机动防御，把老百姓都护送进去。

然而这个方案却遭到监军王侁的无情嘲讽：哎哟，你不杨无敌么？怎么对面敌人一多你就怂了？你这是逃跑！你就应该正面和契丹人硬碰硬！潘美在一边默不作声，显然是默许王侁的说法。绝望之中的杨业一赌气：行！我作为一个降将，不正面硬碰硬就是有二心是吧？那我就硬碰硬去！你们在陈家谷给我接应一下就行！

好！你去吧！

结果不幸的事情发生了，杨业带着人出去阻击契丹人，当他领着百余名残兵血战归来时，王侁和潘美却放了他鸽子！杨业再也无法抑制自己心中的悲恸——我为北汉尽忠，主君却先我而降；我为大宋尽忠，大宋却无情地抛弃了我！那一刻老将军的心里一定是无比痛苦的。最后杨业的坐骑被射中，坠马被俘。

辽军简直高兴得手舞足蹈了！这可是大名鼎鼎的“杨无敌”啊！耶律斜轸亲自上阵劝降，然而杨业此时心中一片枯寂，只是一心求死，最终绝食三日而死……

得知这个消息的赵光义大怒，削了潘美三级官职——然而都是一些虚衔，又下旨将搞事情的监军王侁除名发金州。日后大家耳熟能详的杨家将的故事，正是由这段往事脱胎而来的。

大宋在这次惨败中失去了宝贵的老兵，赵匡胤留下的军事遗产经过赵光义的两次大规模折腾已经是元气大伤。而开封城里，赵光义和他的大臣们则忙着甩锅。赵光义认为这次失败的主要原因是你们这些武将——尤其是曹彬——没按照自己的指示行事，导致自己天才的战略意图没有完美地执行下去。文臣们则忙着批判皇帝不该好大喜功，肆意发动全面战争，全然忘了当初大家踊跃献计献策撺掇皇上打契丹人。

实际上，这次北伐从一开始就是错误的。开战之前，大宋君臣认为萧燕燕作为摄政太后和韩德让同居的事情必然引起辽国贵族反对，从而导致执政不稳，并将其作为发动北伐的重要依据之一。缺乏更多信息的大宋君臣完全没有注意到，萧燕燕上台后已经通过一系列手段笼络住了契丹贵族，更通过加强司法、落实民族政策、进行税务改革、提拔以自己情夫为代表的汉族官员等办法笼络住了辽国境内的汉族势力。可以说，萧燕燕治下的辽国国力比起辽景宗时代有了不小的进步，至于她和韩德让同居——老实说，在契丹人看来真的没有那么严重……

与大宋不同，辽国上下的心情可谓好到不行。自己的燕云十六州保住了，来势汹汹的宋军被杀的是走死逃亡，连大名鼎鼎的杨无敌都被俘而死，简直是契丹有史以来的最大胜利啊！于是欢欣鼓舞的契丹人先是给自己的战争英雄耶律休哥大大表彰奖励了一番，然后开始了几次大规模的报复性战争行动，宋军自然被打得落花流水。战事之顺利让耶律休哥一度提出打到黄河边上、重新划分宋辽国界的构想，然而被谨慎的萧燕燕叫停了，两国之间恢复到相对安定的状况。

权力的游戏：赵光义的治国之道

对赵光义而言，雍熙北伐的失败让他彻底意识到自己在武功方面是永远无法与自己的哥哥相提并论的。那怎么办？搞文治呗！于是宋太宗开始了轰轰烈烈的文化工程，同时不断提高文官地位，重文抑武。在赵光义时代，宋朝重文抑武的传统开始形成，并逐渐成为影响大宋未来两百年国运的一项基本政策。

赵光义重文抑武的方案大体可以分为以下几个步骤：

首先，在朝廷里形成一种浓厚的学习氛围。赵光义在朝廷里带头学习，宣称自己手不释卷。宋初不少武将都是目不识丁的“大老粗”——我们熟悉的老将军杨业就是其中之一——然而在这种氛围下，武将不得已也捧起了书。可是这书是捧起来了，笑话也开始多了，比如说北宋初期著名的猛将党进。这位仁兄当年两败杨业，武艺高强，却大字不识一个。在宋太祖时期，这自然是没什么问题的，相反太祖还觉得这样的猛将淳朴听话。然而到了太宗时期，这位猛将兄就尴尬了，不仅常常出丑，有时候掉两句书袋还掉不到正地方：一次党进去边关“防秋”，就是防备契丹人秋天来叩关，按照惯例，出发前需要去跟皇帝辞个行说两句。大家知道这位老兄肯定不行，于是赵光义特地派了个内侍去找党进。说哎呀，党太尉要不咱们就算了，您直接走了得了……

不行！这咋能行！你瞧不起俺么！俺一定要跟皇帝辞行！

……那给您准备套词吧，您背下来到时候别出错。

到了辞行的日子，党进见到太宗，不出所料地忘词了！场面异常尴尬，正在大家都在拼命开动脑筋琢磨怎么圆场的时候，党进忽然抬起头厉声高叫道："臣闻上古，其风朴略，愿官家好将息！"

大家全都一头雾水，侍卫们差点乐出声来——您死活要面见皇上辞行，就为了整这么两句啊！

后来大家问党进这是怎么回事的时候，党进摸了摸脑袋露出一个尴尬的笑容：那啥，我总看见那群死秀才们在朝堂上掉书袋穷装，我也想整两句，让皇上知道我也读书了……

在这种氛围下，武将们还能保持对文臣的压迫么？要知道，太祖时代的枢密院可是秉承了五代传统的凶悍之地，当时文官进去都少不得要吃个下马威的啊！

其次，在大家普遍意识到学习的重要性之后，赵光义开始重用文官。大家现在都知道学习的重要性了吧？既然学习这么重要，你没点知识文化，能做官么？那怎么才算有知识呢？科举啊！于是科举上来的官员得到了飞速提拔，甚至一些官员主动参加科举，为自己谋一个出身。科举官员提拔速度之快简直匪夷所思——取得进士身份之后，最快十几年就能做到宰相！赵光义手下做过宰相的九个人里有六个是科举出身，就连主管军事的枢密使也大多是文官出身。在这种环境的影响下，大凡有点出息的人全都以读书中举为终极人生目标，谁还拼死拼活去当兵啊？

最后，赵光义创造性地改革了宋朝的官制。他将官、职和差遣分开。这是什么意思呢？在赵光义的构想中，"官"代表一个级别，用来确定一个官员的等级与薪水，而"差遣"才是这个官员的实际职务。其中最妙的就是这个“职”，这是一个完全用来给文官贴金的荣誉头衔。宋代馆职指的是专门在崇文院——差不多相当于朝廷图书馆兼档案馆的这么个地方——供职的文学士们，这个供职的门槛相当高，需要经过专门的选拔才能进入。如果一个文官不在馆内工作而获职，就叫做“贴职”。这个“职”也就理所当然地被视为一种代表学富五车、饱读诗书的荣誉头衔了。我们来举个例子，以大家特别熟悉的包青天包拯为例，他的正式头衔是“龙图阁直学士、权知开封府、右司郎中”，你大概可以将其理解为“教授、市长、部级”，其中，龙图阁学士是包拯的“职”，权知开封府指的是他的“差遣”，那个右司郎中则是他的“官”。

经过这么一番折腾，文官们是要面子有面子、要权力有权力，而武将们的权力和地位则被不断打压。文武大臣之间的层次差距开始显现出来，北宋的士大夫统治也变得稳固了。

原本天下一统之后就该休养生息，而赵光义三番五次的折腾让大宋朝元气大伤。作为一个农耕社会，最能反映一国国力大小的莫过于人口与土地。太祖皇帝开宝九年的时候，整个大宋有人口 309 万户，垦田 2950 多万亩。而二十年后的太宗至道三年，人口才有 413 万户，垦田 3125 多万亩。这个人口增长可以说只能用龟速来形容，而赵光义也终于明白自己不能再折腾了这个道理。

但是树欲静而风不止，你想不折腾就不折腾了？别忘了你的西北还有一个李继迁呢！

李继迁这些年不断壮大自己的势力，还搭上了辽国的线，让辽国把一个公主嫁了过来。辽国给了李继迁一顶大帽子，封他为西夏国王。大家心里都清楚，封一个国王事小，让他一直在大宋的边境上搞事，持续给大宋放血才是正经。

赵光义对这事很头疼，派过去的人对当地民风习俗都不熟悉，被李继迁打得节节败退，整个西北边塞都快被打烂了，再这么下去该成帝国之疮了。

怎么办呢？

赵普给赵光义出了个主意：当年李继迁的哥哥不是进京述职后留在京城了么？这些年经过考察，他对我大宋那是忠心耿耿啊，把他派回去“以夷制夷”啊！

嗯，行，就这么办！

派一个当初在家族内斗中被族人疯狂攻击，最后被朝廷逼迫进京述职，之后被软禁起来的人回老家给大宋卖命，这个主意脑洞开得实在是有点大。然而赵光义等人丝毫不觉得有什么不妥，大家大张旗鼓地给李继捧饯了个行，赵光义还给他赐了个名字叫“赵保忠”，并大加赏赐。赵光义君臣都指望李继捧到了西夏之后能够扭转局面，一举干掉李继迁。

神奇的事情发生了，李继捧到任后不久，就给朝廷送上了好消息：皇上，经过我耐心细致的工作，李继迁这小子意识到了自己的错误，决定效忠大宋啦！

好事啊！赏！

于是西夏捷报频传：今天是我已开始与李继迁商榷具体投降事宜；明天是李继迁不服管教试图造反但是被我狠狠教训了一顿；后天是一切情况尽在我掌握中，李继迁不日就完全臣服……

赵光义的银子像流水一样花了出去，然而此时赵光义还不知道，李继捧根本就没心思和李继迁一决雌雄，他全心全意地想拿回属于自己的东西。他通过李继迁同样搭上了辽国人的线，竟然还混了个王爷。李继迁同样也有自己的小算盘，已经被加封为西夏国王的李继迁死活不同意让自己的哥哥拿回全部的权力——我凭本事打下来的地盘，凭什么给你？

于是两兄弟时而把酒言欢，时而恶语相向，时而坐下谈判，时而抽刀火并。李继捧甚至在自己打了败仗的时候从大宋要来兵马助阵。但是赵光义君臣终究不是傻子——你这天天形势大好，今天送来点茶叶明天送只海东青的，可怎么始终也没出个具体成果啊？于是当李继迁又一次向李继捧大举进攻的时候，宋军插手了。

淳化五年，李继迁大举进攻灵州，赵光义果断决定派一支队伍去帮李继捧彻底解决问题。当然，如果到了灵州发现有问题的不只是李继迁的话，那么别的问题自然也是要一起解决的。李继捧这下有点慌了，赶紧向朝廷解释道，哎呀，我已经把李继迁的问题解决了，您看这大军出动耗费钱粮也不少，那什么我给大宋进贡点宝马良驹什么的，赶紧让队伍回去吧。

赵光义闻讯后呵呵一笑，你把我们宋军当什么了？你招之即来，挥之即去？别听他废话，咱们的铁骑继续前进，不要被这个螳臂当车的歹徒迷惑了！

于是宋军一路高歌猛进打进灵州城，活捉了李继捧。经过审讯，李继捧对自己的行为供认不讳，然而大宋毕竟是有政策的——你就这么杀了他，难免让当地的部族首领们看了寒心——于是把他押回京城软禁了起来。

此时李继迁已经成了宋朝在西北地区的一块溃疡，而且眼瞅着就有不断扩大的趋势。赵光义开始有点焦头烂额了：西北李继迁搅得天翻地覆；另一面辽军又在边境上肆意滋事，花大价钱修的防御体系完全没起到作用，这两面用兵实在是太糟糕了。不过还没等他理出个头绪，一个更糟的消息就摆在了他的案头：四川有人造反了。

大家应该还记得之前咱们提到过，五代的时候中原乱成一锅粥，四川却相对安定。不过也正因为比较太平，四川的土地兼并也比中原地区厉害得多。加上四川被宋朝吞并以后，赵匡胤把后蜀的金银财宝搜刮一空，又极力在经济上对四川进行压榨——你不是富庶么？你不是交通不便容易独立么？来来来，我把你掏空了，看你还怎么闹！在这种刮地皮式的经济剥削下，四川百姓发现大宋来了之后，不仅继承了后蜀的全部苛捐杂税，还开征了新的税种。你说你税征得重一点就重一点吧，我们还可以做点小买卖养家糊口，结果你不仅要征税，还要搞茶叶和布帛专卖！这是彻底要把人往死路上逼啊！

于是淳化四年（993年）二月，一个叫王小波的茶农纠集了一群破产的茶农起义了。这伙人喊着均贫富的口号，到处打土豪分田地，迅速席卷了整个四川，而赵光义竟然是在第二年才得到消息的。

这实在是很讽刺，赵光义登基以后处心积虑地想往自己脸上贴金，天天宣扬自己的文治德治，结果人民揭竿而起了！你说你的德治是个什么水平吧。

于是赵光义立刻做出反应：边境上的战事先缓一缓，赶紧把四川这起义给平了！

然而这起义固然是要平的，可是派谁去平却成了问题——五代教训犹在耳边，后蜀是怎么建国的？还不是平叛大军打过去就自立了么！现在再派人平叛，万一也进去就不回来了怎么办？

没关系，这点小事难不倒赵光义——我派个太监过去不就得了！大家还记得当年赵匡胤驾崩时连夜给赵光义通风报信的太监王继恩么？赵光义选的平蜀主将就是他。王继恩不但有领兵打仗的经验，而且和赵光义之间关系密切，更是完全没有自立为王的可能性——你什么时候听说过太监建国？

事实证明，起义军的战斗力比起正规军还是差了不少，王继恩沿用当年宋军平蜀路线，一路轻松打进了四川。然而打进四川的王继恩带着手下又开始了新一轮烧杀抢掠，搞得四川的叛乱是按下葫芦浮起瓢，层出不穷。最后，赵光义终于意识到四川造反的根源在于朝廷对四川的剥削太重，一边张榜安民一边派人约束王继恩，甚至还下了宋朝历史上非常罕见的一道罪己诏，终于算是逐渐把四川的局势安定了下来。

此时的宋太宗已经年过半百，高梁河一战中留下的箭疮始终在折磨着他。因此就算他有一百个不愿意，也不得不开始考虑继承人问题了。

赵光义的大儿子叫赵元佐，这个儿子和皇叔赵廷美关系很好。有多好呢？好到赵元佐听说赵廷美的死讯时打击太大，疯了……而二儿子赵元佑趁势上位，并得到了以赵普为代表的一众大臣的支持，然而在淳化三年（992年）却好端端的就暴毙了！

大儿子说疯就疯，二儿子说死就死，这难免让赵光义想起自己的弟弟和侄子们。而这却给了三儿子赵元侃机会，淳化五年（994年）九月，赵光义封赵元侃为寿王，加检校太傅、开封府尹——封王加上开封府尹，这基本上就是五代到宋初的标准皇储配置了。

但是赵光义却仍在犹豫，到底要不要立自己这个三儿子为太子。要知道，赵光义作为一个权力欲超强的皇帝，在他面前提立太子的事有被流放的危险。而以王继恩和他的皇后李氏为代表的一小撮人又在私下里试图让赵元佐上位——一个疯子做了皇帝，那这些推他上位的人还不是想干吗就干吗么？这时候一个关键人物的出现让赵光义坚定了信心，将赵元侃册立为太子。

这个人叫寇准，山西人，敢想敢说敢做事，好酒好诗好奢靡。

寇准是太平兴国五年的进士，向来以刚直足智著称。赵光义十分器重寇准，然而寇准为人十分刚愎自用，经常和别人发生争执。有一天寇准出门的时候，碰上一个疯子指着他的马头喊万岁。这下可把他的政敌高兴坏了，赶紧给宋太宗打了小报告。寇准则据理力争说那人是个疯子，自己是清白的。本来这事没什么严重的，但是吵起来之后大家控制不住开始互揭老底，搞得赵光义十分不爽——你们都别干了！寇准你也别在朝廷待着了，去青州干知府吧！

至道元年，寇准终于还朝了。见到赵光义，君臣俩一番嘘寒问暖之后，赵光义开腔了。

寇准啊，立太子这事你怎么看？

我？皇上你说咋看我就咋看，不过要是后宫内侍什么的不插手这事，那才靠谱。

那你说，襄王赵元侃这人行不行？

皇上，知子莫过其父，你说行就行啊！

那妥了！

于是至道元年的八月，襄王赵元侃被册立为太子，改名赵恒。

大臣们激动得热泪盈眶——唐末以来已经差不多一个世纪没有正经册立过太子了，现在我大宋终于回到正轨上了！于是大家交口称赞，哎呀，这可真是太平天下、社稷之主啊！

所以赵光义很不爽。

不是一般不爽，是十分不爽：你们拿太子当社稷之主，那我算什么？这才册立太子就天下归心了，再过两年还有人听我的么？寇准赶紧安抚赵光义：皇上啊，你想社稷之主还不是你选出来的？把天下交给他那是万世之福啊！赵光义琢磨了一下觉得有点道理，加上后宫嫔妃都来说好话也就慢慢看开了。重要的是赵恒做了太子以后相当低调，连大家在他面前称臣都推让不受，一副人畜无害的模样，总算是让赵光义放了心。

从册立太子到驾崩，赵光义在他人生的最后两年做了两件主要工作：一是又大动干戈打了一次李继迁，结果被李继迁劫了粮道，40万石军粮被洗劫一空，宋军大败而回；二是换了宰相，把原来干得很好的吕蒙正换成了吕端。这主要是为了太子赵恒以后登基考虑的。吕蒙正为人厚道有肚量，然而在立储的问题上却犯过错误——当初吕蒙正和赵元佑关系很好，曾经试图推动册立赵元佑为太子。这是令赵光义十分忌讳的一件事。吕端作为一个稳重而有决断的人，显然比吕蒙正更适合做托孤大臣。赵光义想的是，万一自己驾崩以后有人想搞事情，吕端一定会力挽狂澜，确保赵恒顺利登基。

这次赵光义做对了。

端拱三年，赵光义病危。赵光义的皇后李氏找到王继恩，深入讨论了一下大宋下一任领导人选的问题。王继恩深入思考了一下，认为当初要不是自己没听宋皇后的，跑去给太宗皇帝通风报信，能有现在的荣华富贵么？两个人迅速达成共识：把精神病人赵元佐扶上台后大家好处多。于是纠集了一小撮人开始准备拥立赵元佐。

这时候吕端开始觉得有点不对劲了。皇上明明已经快不行了，怎么自己探望皇上的时候，太子却不在宫里照顾皇上？该不是宫里封锁消息了吧？

于是赶紧派亲信去通知赵恒。两方人马开始斗智斗勇。

赵光义驾崩那天，李皇后果断封锁了消息，然后派王继恩去找吕端，说有要事相商。吕端呵呵一笑：要事相商？是要诳我进宫，然后关起来好找赵元佐登基吧？没关系，将计就计呗。

王公公，我这就和您进宫……不行，我想起来诏书阁里还有太宗皇帝的诏书呢，得取了再进宫。

诏书？哎呀，那我去取吧。

王继恩前脚钻进诏书阁，后脚吕端就把他锁在了里面，吩咐手下人严防死守看住王继恩，然后一溜烟进了宫。

进宫之后，发现李皇后正等着自己：宰相您来啦！

来啦，来啦！皇上怎么样了？

皇上已经没了……那什么，我和您商量个事，您看这皇上没了咱们得立个新皇上对吧？自古以来立嗣都是长子优先，您看元佐登基怎么样？

呵呵……娘娘，皇上他立太子是干吗的？不就是为了今天么？这您还有什么异议？您要是这样可就是忤逆先帝了啊！

由于王继恩不在场，李皇后在大胖子吕端面前显得势单力孤，被吕端噎得哑口无言，只得同意让太子继位。然而吕端并不放心，在登基仪式上立而不跪，大家都十分惊讶：吕相公您怎么不跪啊？

那个……这帘子垂着也看不清里面是谁啊，不行，把帘子挑开我得看看！

于是，吕端亲自验明正身，确定是太子继位，才跪拜高呼万岁。

大宋的第三位皇帝终于顺利登基了，而大宋也揭开了新的一页。

澶渊：危险的城下之盟

宋真宗登基时，大宋的状况要比他父亲登基时好很多。国内政局稳定，各级都能维护朝廷，以王继恩为首的一小撮人也在真宗登基以后被迅速处理掉了。西北战事趋于稳定，李继迁在真宗登基后不久就开始求和，然后将战略重心西移，开始和吐蕃人互殴。现在宋朝的主要问题只剩下辽国。

自雍熙北伐失利后，辽国就完全掌握了对北宋的战略主动权。期间两国大大小小数十仗，宋军败多胜少，十分被动。

虽然契丹人还能依稀记得自己上次打进中原的不幸往事（五代时耶律德光大败后晋，打进中原改国号契丹为辽，后来因为天气太热又遍地起义不得不退回关外），但现在的契丹较以往已经不可同日而语了。燕云十六州的存在与几十年来契丹人与汉人的民族融合，使得辽国从一个纯粹的游牧政权开始向半游牧、半农耕政权转化。而萧太后执政以来的一系列民族政策，使汉人对辽国的认同程度也不断增长。于是在一次次行动中，辽国人在宋朝的河北路反复进出，开始试探宋朝的底线。

宋朝对辽国的进犯是完全没有什么办法：打吧打不过，越打胆越小；不打吧，又不能把河北路给送出去。最要命的是，河北路是一片平原，无险可守，契丹人想怎么进来就怎么进来，想从哪儿出去就从哪儿出去。宋朝近二十万大军屯在河北路上，结果分兵防守，哪里也防不住，军费反而越防越高。

在这种情况下，宋朝君臣提出了一个创造性的构想：平原地带不是不好防守么？咱们改造一下，让它不是平原不就行了？当然，以当时落后的生产力而言建个人造山什么的肯定是不行了，但是换个思路，咱们可以搞人工湖、人工林啊！

于是，中国历史上最有创意的塘泊防御工程就这么出炉了。宋真宗时期塘泊工程的修筑达到了一个高潮，可谓大坑套小坑、小坑套老坑，坑里还有水，下去就没影。而在挖坑引水不太方便的地区，则广泛种植榆柳作为补充防御措施，称为榆塞。

塘泊的存在多少挽救了一点宋军的窘境，起码契丹人进犯的地点相对固定了一些——至道元年以后，辽军基本都是从保州以西地区进攻的，而这些地方恰好是没有塘泊的。但是要知道保州以西依然是好大好大的一块地方啊！这些并没有从根本上解决问题。

景德元年，萧太后带领二十万大军南下。宋真宗十分开心，表示要御驾亲征，和契丹人决一死战。

这倒不是真宗疯了，而是在咸平二年，真宗曾经在契丹人大举进攻的时候御驾亲征过一次，那次宋真宗在路上磨蹭了几个月，等抵达河北后辽军已经抢得心满意足，走了！但是为了不让皇上丢面子，大臣们纷纷恭贺皇上天威——您看您这一来，辽军就跑了，皇上您好厉害啊！在一片恭喜声中，真宗皇帝飘飘欲仙，觉得自己确实取得了对辽战争的伟大胜利。因此这次辽军大举南侵，又让他跃跃欲试了。

皇上有了想法，执政班子自然就要随之而动。大家经过紧张激烈讨论，认为皇上您英明神武，辽军跳梁小丑，不足为虑，您都不用亲抵前线，只需要到澶州露个面就行。但是澶州地方太小，装不下那么多人，咱们多准备准备，晚点去。

然而有一个人表达了不同意见：皇上您这么牛，咋不早点去鼓舞士气呢？真宗谦虚地表示，虽然我知道自己一到前线，大家必然士气高涨，但是我还是尊重大家的意见，晚一点去吧，毕竟折腾一趟也是很不容易的。

表达不同意见的这个人就是寇准。

有人可能比较好奇，当初太宗皇帝驾崩的时候，他为什么没出来主持大局。原因很简单，这哥们儿又被贬了，被贬的原因也很简单：刚愎自用。

当初，太宗皇帝册立太子后新年到南郊祭了个天，顺便给宋朝全体官员集体嘉奖晋升一下，寇准当时作为参知政事（副宰相）负责这个工作。结果寇准对自己看着顺眼的人全都破格提拔，自己看不顺眼的人全都处理，被人捅到太宗皇帝那里后还和太宗皇帝强辩，因此被贬到邓州去了。真宗一直不太喜欢寇准的性格，因此始终在用不用他做宰相的问题上有所犹豫，直到景德元年才迫于边患的巨大压力任命他为宰相。

此时辽军在边境上连续作战，却发现这次宋军固守城池成效显著。虽然辽军在河北路横冲直撞，然而却总也攻不下城来。不信邪的辽军集中兵力在河北瀛洲（今天的河北河间）玩命攻城，萧太后亲自上阵擂鼓助威，死伤惨重，竟然还没打下来！辽军有点困惑了——这光进来转一圈也不是个事啊，咱们是不是战略有问题啊？能不能绕开这些坚城，直奔开封来个黑虎掏心？

于是在这种思路的引导下，辽军很快就调整了战略方向，绕过大名府等河北重镇，进逼开封。

消息传到开封城里，宋真宗几乎要吓坏了——天啊！这鬼畜的契丹人要不要这么可怕啊！那什么，众位爱卿现在咋整啊？

跑啊！大家迅速提出了种种“建设性”意见：江南人王钦若认为陛下现在应该果断前往金陵继续指挥战斗；四川人陈尧叟认为四川易守难攻，才是退守大后方的第一选择。宋真宗没了主意，只好去问寇准，你说我是去金陵好还是去四川好？寇准呵呵一笑：皇上，您把给您出这些主意的人都砍了祭旗吧！

寇准指出，以斗争求和平，则和平存；以妥协求和平，则和平亡。大宋疆域虽广，然而背后就是开封城，皇上您现在大军云集，契丹人孤军深入，你要是还不敢御驾亲征，那你跑了以后还会有人给你卖命吗？

真宗表示，你说得好有道理，然而契丹人实在是太可怕了，要不容朕再想想？

好啊，那你想吧！于是寇准把边关急报全都扣了下来，等攒够一沓一起交给真宗——皇上，眼瞅着咱们大宋要完了，您想好了没有？

真宗看着那一沓告急文书都快晕了：哎呀爱卿，那你说咋办？

咋办？亲征啊！

于是寇准连唬带吓，终于说动了宋真宗动身前往澶州迎敌。此时辽军已经在澶州城下耀武扬威了，就等着什么时候破城过河打到开封去。此时稍有闪失，靖康之耻就要提前一个世纪上演了。

宋真宗战战兢兢离开了开封，一路上磨磨蹭蹭，开封到澶州二百五十里路竟然走了五天。半路上不断有人怂恿真宗向南进行“战略转移”。寇准说，现在大家都知道你御驾亲征了，大伙盼星星盼月亮，如果你半道跑了算咋回事？绝对不能退啊！然而真宗还是犹豫不决。

寇准琢磨了一下，大概明白问题出在哪里了。于是出门四处一看，正好看见殿前都指挥使高琼。高琼是个大老粗，大字不识一个，然而战功卓著，是个标准的主战派。最重要的是他是太宗贴身侍卫出身，深得皇上信任。于是寇准拽住高琼：兄弟，跟我来！

寇准拽着高琼来找真宗，说皇上您要是觉得我说的不对，你问问高琼！你看高琼怎么说！高琼说，皇上你这还用琢磨？咱们大军家眷可都在开封城里呢，你要是南逃了谁跟你走啊！您到澶州，咱们跟契丹人决一死战，肯定能赢！真宗的贴身侍卫王应昌也赶紧在一边给他打气，说皇上您想啊，这辽军背后还有不少咱们的人呢，您要是到了澶州这是妥妥的赢啊！几个人又是连哄带捧，真宗才算下定决心。

然而决心还没坚定多久，噩耗传来——留守东京的雍王赵元份（真宗的四弟）竟然暴毙了！真宗不得不派参知政事王旦返京留守。王旦琢磨了一下说，皇上，要是十天你这边没信咋办？真宗沉默良久，铁青着脸吐出四个字：立皇太子。

在这种紧张不安的气氛里，真宗终于抵达了澶州城。当时的澶州分为南城和北城，中间一河相隔，契丹人就在北城前和宋军对峙。真宗的意思是，自己来都来了，就不过河了。高琼又一次挺身而出，说您来都来了，就过河视察一圈不行么？难道就差这一条河了？几乎是强行拽着真宗过了河。

过河之后士气果然大振，士气大振的结果是，辽军主将萧挞凛竟然在视察地形的时候被宋军用床子弩一箭射死了！辽军士气顿时一落千丈。然而此时宋军还不知道这事，真宗皇帝还在澶州城里过着提心吊胆的日子。此时的宋真宗心里依然忐忑，但是碍于面子又没法逃跑，再说辽国的皇帝就在对面。都说同行是冤家，要是就这么跑了，以后别人问起来，辽帝就得说："宋真宗啊，我知道！让我吓跑那个！"实在太丢人！然而就这么在这里待着宋真宗心里也不太舒服，总觉得自己被坑了。于是他琢磨了一下，不是寇准你忽悠我来的么？我看看你干吗呢，你要是也怕了，我就赶紧撤吧，顺便治你个欺君之罪。于是宋真宗就找了个人："去，看看寇丞相干吗呢 。"

结果得到的汇报让真宗颇为哭笑不得：寇准每天和人大吃大喝，喝高了就玩骰子唱小曲，完全没有紧张的意思。宋真宗琢磨了一下，寇准这么放松估计这是不能有事，于是也跟着放松了下来。

此时的战场形势十分有趣，宋真宗与辽军在澶州城对峙，而辽军身后还有若干小股宋军和一支近十万人的主力部队在定州，大家是"麻秆打狼——两头怕"。辽国发现自己肯定打不到开封了，而当初进军的时候太过深入，一路上的城池还在宋朝手里，这要是退兵就是个关门打狗的架势啊。而宋真宗比辽军还紧张，因为他发现自己调不动辽军身后的定州军了！

定州军的指挥叫王超，这哥们儿和高琼一样，也是太宗旧臣，身高两米多，看着相当有压迫感，然而实际水平怎么样就很难说了。辽军入侵的时候，他的定州军始终龟缩不动。等到辽军主力和宋真宗开始对峙时，他依然龟缩不动，宋真宗数道旨意都没能调动王超。这眼瞅着定州军就指望不上了，虽然这时候寇准还在极力主战，然而大家已经完全没有战意了，还拿出了一顶大帽子扣在了寇准头上——你这么热衷战争，是不是想要挟天子令诸侯?

这怎么办？大家都打不下去了，都觉得自己要完，然而对方却迟迟没有动手。既然不动手……那就和谈吧。

于是和谈开始了。

辽国想的是能让讹点钱，对国内有个交代就行。

宋真宗想的是你能走就行，要多少钱我给。

然而谈判的时候难免都要狮子大开口，辽国上来就主张要求宋朝割地。怎么割呢？辽国说，后周的时候柴荣北伐，拿走了关南十县，我们要求把国境线恢复到后周之前的状态，你们割让关南十县。

宋朝表示呵呵，那咱们不如恢复到后晋之前的状态，你们把燕云十六州给我吐出来得了。

经过几番试探，双方互相摸清楚了对方的诉求，那就是大宋拿一笔钱出来搞定这事。宋真宗觉得只要能搞定这事，拿一百万出来也行。而寇准则告诉主持谈判的曹利用，只要超过三十万，自己回开封以后一定想办法弄死他。

于是经过艰苦地谈判，曹利用将最终的结果带了回来。他向宋真宗比了一个“三”的手势，真宗大吃一惊，啥！三百万？然而转念一想，又点了点头，说三百万就三百万吧，反正能搞定这事也值了。

呵呵，皇上，是三十万，绢二十万匹、银十万两（宋朝时的赋税并不是统一折算成银两的，而是根据不同种类，铜钱、粮食、绢、银子和草料，加到一起的时候统称为“贯石匹两束”，所以真宗说的三百万是指三百万“贯石匹两束”）。

大宋君臣全都欣喜若狂，欢庆胜利。

澶渊之盟最后的协议是这样的：

一、宋“助”辽每岁绢二十万匹、银十万两，在雄州交割；

二、两国结为兄弟之邦，辽帝尊宋帝为兄，宋帝尊辽萧太后为叔母；

三、两国以战前各有的疆界为国界，以白沟河为界河；

四、互不容纳叛附及互不骚扰农作；

五、互不沿边境增筑城寨，开掘河道。

这里有个很有意思的小插曲，宋朝的誓书送到辽营以后，辽营足足用了五天时间才回书。由此可见辽国内部对这个和议是充满争议的。

澶渊之盟让宋辽双方都得以喘息，而这种和平的氛围对宋朝更加有利。简单地说，辽军发动一次较大规模的攻势，宋朝就要拿出数百万的军费，而这样的攻势辽军几乎三两年就要来一次。而双方议和之后，宋朝还可以通过互市的办法把相当一部分钱挣回来。最重要的是，随着宋辽之间关系的缓和，原本一直在辽国策动下蠢蠢欲动的党项人也终于能够安定下来了，可谓一举多得。

拜鬼求神：一个国家的癫狂

在战后轻松的氛围下，宋真宗和寇准都十分开心。寇准原本就很刚愎自用，这下更以澶渊功臣自居，每天净搞一些享乐和奢靡的东西。当时寇准在朝里的地位，大概可以用他小时候写的一首《咏华山》来形容：

只有天在上，更无山与齐。举头红日近，回首白云低。

然而宋初以后，宰相的权力已经被太祖太宗皇帝削了又削——太祖皇帝设置三司，将财政权从宰相手里拿走，设置枢密院，将军权从宰相手里拿走；太宗皇帝频繁换相，坚持增设冗官。

更何况还有许多看寇准不顺眼的人始终想暗地里给寇准来一下。

王钦若就是其中一个。

当初澶州之战的时候王钦若在危急时刻被派到了大名府，以稳定河北局势。后来澶渊之盟完事后返京述职，被真宗重赏，原本还挺开心。结果仔细一看却发现自己的老对头寇准俨然已经是一人之下、万人之上，风头完全压倒了自己。于是王钦若开始冥思苦想，想要把寇准搞倒搞臭，彻底搞垮。

王钦若十分聪明，他明白自己要是上来就跟寇准硬碰硬，多半是不会有好果子吃的。现在要暂避锋芒，该怎么办呢？

首先，王钦若辞去了职务，彻底告别寇准，避免和他直接发生冲突。而后王钦若接下修撰《册府元龟》的任务，这是一项宋真宗亲自主抓的文化工程，王钦若得以经常直接向真宗汇报工作，彰显自己的才华。

其次，王钦若充分展现了自己搞宗教迷信的天赋，他从小笃信道教。真宗从澶州回来，觉得自己这次花 30 万就彻底搞定了辽国绝对是神仙保佑，于是决定好好拜一拜各路神仙。王钦若频频出手，掺和到这些祭祀活动中，逐渐博得了真宗的信任。在两宋以前，帝王祭祀的主要对象是“昊天上帝”，到了宋真宗时期，这个纯粹代表着上苍的“昊天上帝”逐渐被人格化的“玉皇大帝”所取代，就是王钦若一手策划的。

于是没过多久，王钦若就成了真宗的心腹，两个人的关系好到了王钦若获封官职谢恩的时候，真宗会半开玩笑地问他合适不合适。寇准则逐渐被真宗敬而远之。这个时候，王钦若出手了。

在一次朝会之后，真宗皇帝例行目送寇准离开，王钦若凑过来开始使坏了：

皇上，您这么敬重寇相公啊？

对啊，人家澶渊之盟有功于社稷，可不得尊敬点啊。

皇上，您可长点心吧！澶渊之盟这种事情您怎么能不以为耻反以为荣呢？还觉得寇准有功劳于社稷，这有什么功劳啊！

真宗皇帝当时就有点蒙，赶紧问，爱卿你这话是怎么说的，什么叫不以为耻反以为荣啊？

王钦若呵呵一笑说，皇上，您听说过城下之盟没？春秋的时候小国都以城下之盟为耻，现在咱们大宋怎么也是万乘之国吧？这澶渊之盟是个标准的城下之盟你有什么好骄傲的？再说你以为寇准当初那是一心为国么？我告诉您，他那是赌徒逻辑，输红眼把你当成赌注倾家荡产全押台面上了，只不过运气好赌赢了而已，您还美呢，还觉得他有功于社稷呢！哎呀我都替您臊得慌！

真宗觉得王钦若说得很有道理，于是看寇准更不顺眼了，终于找了个机会把寇准贬到了陕州。第二天就任命王钦若接替寇准的职位，担任宰相。但是王钦若的话始终像一根刺一样扎在他心里：我还在这里美呢，我都城下之盟了，天下人指不定怎么笑话我呢？我还美什么啊美！朕这张脸可往哪儿放啊！

机灵的王钦若又一次给真宗指明了道路：您把燕云十六州打下来不就得了，打下燕云十六州您是妥妥的报仇雪耻啊！

真宗觉得，你是不是疯了，我要是能打下燕云十六州我还和你扯这个？有没有别的法子？

嗯，还有一招，咱们封禅吧！

封禅，中国历史上规格最高、规模最大的祭祀仪式，是能够从根本上确认一个王朝“奉天承运”的典礼仪式。

然而封禅不是说封就封的，多少得有点祥瑞预兆才能封。不然天地连个异象吉兆都没有，你就跑去封禅祭祀天地多尴尬。不过这并不能难倒王钦若和宋真宗：有祥瑞要封禅，没有祥瑞制造祥瑞也要封禅！

于是宋真宗和王钦若开足了马力准备祥瑞。

首先要搞定的是那些潜在的反对派。寇准虽然已经不在中央了，但是别的宰执大臣要是跳出来发表一些“不和谐”的言论也是很尴尬的。于是真宗皇帝大肆贿赂了一下这些大臣们。以宰相王旦为例，王钦若告诉他皇上可能要制造祥瑞准备封禅的时候，他态度十分勉强，于是真宗就将他召进宫中设宴款待了一番，临走的时候备下一壶美酒，说是让他带回家喝。结果，王旦回家一看——满满一壶的大珠子！就这样，真宗拿钱开路，堵住了大家的嘴。现在万事俱备，就差“祥瑞”了。

景德五年（1008年）正月初三，宋真宗召见群臣，说自己去年做了个梦。

喔，什么梦啊？

嗯，我去年十一月有天半夜做梦，有个神仙说让我在正殿修个道场，然后要降《大中祥符》天书三卷给我，据说妙用无穷。然后我修了这么个道场，你们看今天皇城司果然说有天书挂在承天门上。

哎呀！那真是可喜可贺呀！皇上您快带我们去开开眼吧！

没问题啊！

于是真宗领着大臣们到了承天门，取下天书。只见天书里写着："赵受命，兴于宋，付于恒，居其器，守于正，世七百，九九定。"剩下的大概意思都是真宗是个好皇帝，宋朝江山万万年之类的。

我的天呐！祥瑞啊！

群臣连声贺喜，宋真宗马上决定，把年号改成大中祥符！赏赐群臣！大赦天下！京城百姓集体吃喝庆祝五天！

大家乐疯了，这祥瑞也太够意思了啊！那什么，皇上，我们集体强烈要求您封禅！在王旦和王钦若等人的运作下，全国都踊跃请愿，文武群臣自不必说，表示皇上您必须得封禅，这是我们的一致心愿！

好！真宗皇帝表示，既然呼声这么高，那我就封禅去吧！对了，派个人去给辽国送点礼物说一下，封禅六军随行，别让友邦误会。

辽国表示，你们随便折腾吧。

于是轰轰烈烈的封禅活动开始了，大中祥符元年十月二十四日，宋真宗泰山封禅，大赦天下，文武百官集体进秩，全国庆祝三天！

这之后宋真宗四处出击，封禅泰山后祀汾阴，祀罢汾阴祀西岳，祀完西岳封五岳。他表示，自己已经控制不住自己体内的祥瑞之力了！而宋朝境内的祥瑞则像雨后的蘑菇一样冒出来：你那边天书献瑞，我这边就仙鹤来翔；你献上金丹百粒，我就送上紫芝千朵；你说天上五星顺行同色，我就说地上黄河澄清沙绝……反正真宗你不是愿意看祥瑞么？那我们就一起给你制造祥瑞！

在这种举国疯狂的状态下，真宗皇帝的步子越迈越大，《宋史》说"一国君臣如痴狂”。他在封禅之后又大兴道教，整理道教藏书，命令各地都要修筑天庆观供奉三清玉帝，大兴土木修建了上千所国有道观。与这些国有道观相对应的则是一种名为“提举××宫观”的虚衔，用来授予官员，让他可以多领一份俸禄，成为宋朝一大奇观。

大搞迷信的代价是国库被掏空，仅封禅泰山一项就花费八百余万贯。于大中祥符二年开始修建的玉清昭应宫共有殿宇两千六百余座，仅三座雕像便用去黄金万两、白银五千两，号称“宏大瑰丽不可名似”，奢华远超阿房宫。而在修建过程中，即使已经装修完毕，稍有不如意便推倒重修，其造价甚至达到了“有司不敢计所费”的程度！从大中祥符元年开始到真宗驾崩的十五年间，宋朝至少花费了数千万贯在各种迷信活动上，将宋初太祖太宗留下的一点积蓄挥霍殆尽。

宋真宗并非不知道自己是在胡闹，然而这种带领全国搞迷信的感觉实在太好，让他深深沉浸其中，欲罢不能。王钦若作为他的第一助手，在历次闹剧中充当导演，而参知政事丁谓、三司使林特、龙图阁学士陈彭年、皇城使刘承珪等人则在真宗周围，以王钦若为首共同为真宗的迷信活动献计献策，竭心尽力，合称“五鬼”。朝中其他大臣或装聋作哑，或随波逐流，偶尔有几个直言谏上的，真宗就采取三不政策：不听取、不采纳、不追究。

真宗如此折腾，宋朝竟然还没垮台的一个重要原因是，随着宋辽战争告一段落，中国又开始了新一轮人口增长与经济发展。由于煤矿的大规模开采与使用，铁制品，尤其是铁制农具，开始被农民广泛运用。大中祥符六年，真宗下诏废除农具税，说明当时铁制农具的使用已经相当普遍。生产力的发展和垦田与人口的增长使得国家财政收入不断增长，因此还能够勉强维持收支平衡。这里不得不提到的一件大事，是大中祥符四年真宗因江淮两浙地区干旱少雨而推广占城稻。占城稻是从中南半岛传入的一种高产耐旱作物，引入中国之后，这种神奇的植物一下子将宋朝的亩产提上了一个新的台阶。垦田面积增长加上亩产提高，使得宋朝的物质资源变得极大丰富。

宋朝的垦田面积超过了唐朝，人均粮食占有量较汉唐时代也大大增加，达到了古代封建社会的一个顶峰。在此基础上，商业与手工业也开始蓬勃发展，富宋之名就此奠定。

虽然宋朝还禁得住折腾，但是真宗的身体却已经禁不住折腾了。天禧三年（1019 年），真宗在祭祀南郊之后突然“得风疾”（也就是中风），此后频繁发病，从丧失语言能力一直发展到半身不遂。要知道，高血压引起的心脑血管疾病就算在今天也是头号杀手，更不要提那个年代了。真宗自大中祥符元年开始的迷信活动，终于能够告一段落了，而宋朝也即将迎来一位新的主人。

他叫赵祯，有一个中国人耳熟能详的庙号——宋仁宗。

【第三章】

鲜花着锦的盛世

宋仁宗是个好皇帝

太后临朝：狸猫换太子与大宋的武则天

真宗驾崩之前，朝堂上的形势已经是山雨欲来风满楼了。

天禧二年，真宗册立太子。

真宗一生信道教，自然也少不了炼丹服食，但是这些丹药里究竟有些什么呢？以当时很著名的“太一玉粉丹”为例，它的配方是这样的：朱砂（一斤）、雄黄（一斤）、玉粉（十两）、紫石英（五两）、白石英（五两）、银粉（五两）、空青（十两）、流艮雪（一斤）。你想要是天天吃这种东西，这身体能受得了么？真宗的六个儿子五个夭折，只有第六子赵祯还算健康，册立的太子就是这位赵祯。

而王钦若常在河边走，终于把鞋湿——他因为结交了一个私藏禁书、据说会六丁六甲之术的道士引起了真宗的反感，被贬到了杭州。寇准则在天禧元年放下节操，也给真宗献了一次天书，从而重获真宗欢心，回到中央，在王钦若被贬之后重新封相。

但江山易改，本性难移，寇准心高气傲嘴贱的毛病还是没什么好转。一次吃工作餐的时候，他的胡子沾了汤，当时他的副手丁谓——就是先前和王钦若一起并称“五鬼”的那位——赶紧帮他擦干净。寇准呵呵一笑：

你说你一个堂堂朝廷重臣，给长官溜须这合适么？

没错，“溜须”的典故就是从这儿来的。

这下丁谓算是记恨上了寇准，决心和寇准斗争到底。而真宗这会儿时而清醒时而糊涂，他的皇后刘氏趁机开始干预朝政。真宗觉得这么下去迟早出事，于是开始和贴身的太监筹划太子监国事宜，

这位贴身太监名叫周怀政，和太子赵祯关系密切，赵祯叫他“周家哥哥”，他自然是十分支持太子监国的。但是光真宗和他在宫里筹划这事也没用啊，还得找宰相来商量一下不是？于是周怀政把这个消息透露给了寇准，寇准大喜之下跑到宫里找到真宗大谈太子监国的好处，又大肆嘲讽攻击了一番丁谓。病榻之上的真宗连连点头，觉得说得好有道理。

这就好办了，于是寇准开始撺掇人着手准备上书，建议太子监国。结果就在这个节骨眼上，真宗又犯病了！丁谓发现寇准在这边准备发动人手上书建议太子监国，提前跑进宫找到真宗说，皇上，寇准在私下搞串联，准备夺您的权，让太子监国！犯了病的真宗已经完全记不得这其实是经过他本人同意的事情，于是可怜的寇准就这样又一次被贬。

周怀政急了，眼下丁谓权势越来越大，眼瞅着就要和刘皇后沆瀣一气。万一这群人到时候来个太后摄政，太子什么时候能掌权？我要是当机立断一下，把太子扶正，以后就凭我和太子的关系，那荣华富贵还少得了我的？

于是周怀政开始着手准备发动政变，计划干掉丁谓，让真宗做太上皇，废掉刘皇后，拥立小太子。至于丁谓被干掉以后谁做宰相么……嗯，寇准这人不错，就他了。

不幸的是，周怀政前脚找心腹商量这事，后脚就被人给卖了。事败之后，周怀政自然是脑袋落地——活脱脱的皇帝不急，急死太监。而寇准也跟着一起倒了霉：他政变之后想让你做宰相，说明你也有问题啊！在丁谓的疯狂打压下，寇准被一贬再贬，最后被贬到雷州（今天广东省雷州半岛上的雷州市）。寇准春风得意的时候送别人去岭南时曾写诗“到海只十里，过山应万重”，

一语成谶。宋仁宗天圣元年（1023 年），寇准病死在到海不足十里的雷州。

如果人生分四季，寇准的前半生都是春天，繁花似锦。其为人好奢靡，赏赐歌妓一掷万金，与朋友欢宴痛饮都属等闲事，但后半生却因为自己的性格宦海失意，死时身无余财，连归葬故里的钱都拿不出来。

真宗此时已经彻底混乱了，他竟然因为周怀政的案子要连太子一起治罪。吓得大臣们赶紧劝他：皇上，使不得啊，您可就这么一个儿子，禁不住您这么挥霍了！好歹算是把真宗给劝住了。

干兴元年（1022 年），宋真宗吐出了胸中的最后一口气，撒手人寰。宋仁宗正式登基，太后刘娥摄政，大宋揭开了新的一页。

刘娥上位之后做的第一件事就是把天书都给真宗皇帝陪葬了，然后开始动手收拾丁谓，借口真宗陵寝出了问题把丁谓贬到了崖州——这地方在海南岛上，比雷州还远。

刘娥的出身十分低贱，她年幼时嫁给了一个姓龚的银匠，随着自己的丈夫走街串巷打拨浪鼓招揽顾客。后来真宗做王爷的时候想搜罗几个美女，龚银匠瞅准机会，宣称刘娥是自己表妹将其送入宫中，真宗一见之下大为欢喜，十分宠爱。

后来刘娥历经波折，冲破重重阻挠终于坐上皇后宝座。这其中固然与真宗的宠爱脱不了干系，然而刘娥本身也十分聪慧，跟了真宗之后依旧坚持学习，也在这个过程中起了很大的作用。不过这丝毫改变不了她出身低贱的事实，虽然刘娥一直试图美化自己的出身，告诉别人自己其实是刺史之后，只不过家道中落不幸流落民间，不过大家大多对此一笑置之。太后你觉得我们脑子都不好使么？你打的一手好拨浪鼓，唱的好鼓词，这都是货郎贱技，难道您父亲堂堂一个刺史没事就教自己姑娘打拨浪鼓？

刘娥觉得很苦恼，所以她干脆三管齐下：一是拼命追封自己的祖宗；二是悉心栽培表哥刘美的家人亲戚——龚美已经在真宗时就改名叫刘美了；三是时刻留心朝中刘姓大臣，找机会攀亲戚。

不过大臣们也都明白这其中的套路，每次刘娥提出想要看看族谱攀个亲戚什么的，都想出各种借口回绝。而刘娥现在已经贵为太后，一般的小官家世她反而又看不上了，于是这事就这么搁置了下来。

此时真宗已死，天书闹剧告一段落，不用再向封建迷信活动疯狂砸钱，边境上也十分太平，因此刘娥得以能够较为从容地治理国家。刘娥在位期间始终把持朝政，虽然最初宣称等到皇帝大一点就让他亲政，但是皇上一天天长起来，刘娥却始终没有让他亲政的意思。不仅没有这个意思，要是有哪个不开眼的大臣敢在刘娥面前提起这事，搞不好还会被调离外地。不过刘娥虽然权力欲膨胀，但娘家势力实在是微不足道，所以尽管刘娥在位期间曾经数次试探过众位大臣，甚至在晚年搞出了穿戴天子衮冕到太庙祭祀的闹剧，但终究没能更进一步。

刘娥主政期间，宋朝高速发展，岁入持续增长，在她主持下修建的一系列水利工程更是成效显著。她自知出身低微，在朝廷上缺乏助力，因此特别注意澄清吏治，不仅于天圣年间重设谏院，还不断完善科举制度，注意选人用人。比如说，她知道有些大臣肯定琢磨着想借选拔人才的机会推荐自己家的亲戚，长期下去在朝廷里盘根错节形成势力就不好办了，可问题是她也不知道到底谁是谁的谁啊！怎么办呢？好办，她跟大臣们说，哎呀，你们平时劳苦功高，这样吧，我也没什么好赏赐你们的，你们就把家里亲戚子弟的名字都给我报上来，日后我提拔重用。结果呢，日后再有提拔的时候，她就先按这个名单对一遍，确定不在名单上才放心提拔……

刘娥垂帘听政十一年，明道二年（1033年）撒手人寰，仁宗皇帝亲政。仁宗痛哭流涕，悲伤不能自已。

大臣们赶紧来劝：哎呀，皇上，您可别哭了。

朕……朕难过啊！朕的娘亲也离朕而去了……

嗨，那什么，您知道不，您这娘可不是亲娘啊。

啥！那我亲娘呢？

被刘太后害死了呗！

仁宗皇帝十分崩溃。

我这里哭得稀里哗啦的，结果你告诉我，我哭的这个不是我亲娘？不是亲娘也就算了，我亲娘还被她给害死了！查！给我彻查！

原来当初真宗想立刘娥为后，但是皇后却不是想立就能立的。大家都觉得刘娥出身贫贱，也没能给皇上生个儿子什么的，凭什么立为皇后啊？因此反对意见极大。而刘娥虽然受真宗宠爱，却始终没有生育，同时别的后妃却在不断给真宗生下子嗣，这就十分尴尬了，就算是真宗再宠爱刘娥也没法给她扶正。

就在这个关键时刻，刘娥的侍女李氏受到真宗宠爱之后怀孕了，这让真宗和刘娥喜出望外——咱们可以借鸡生蛋啊。于是李氏的这个孩子就被说成是刘娥所生，而刘娥也凭借着这个孩子一步登天，实现了自己的皇后梦。刘娥对李氏还算不错，既没迫害也没冷落，甚至不反对李氏继续受到真宗临幸。但李氏再次怀孕之后孩子很快夭折，因此自觉是福薄之人，也从没产生过争宠或者与儿子相认的念头。

真宗死后，刘娥派李氏为真宗守陵，彻底断绝了她和仁宗相认的可能，但对李氏却一直不薄，屡屡加封（李氏死前已被封为宸妃），还派人找到李氏的家人封了个小官。在李氏死后还听取了当时宰相吕夷简的劝说，以皇后冠服为李氏高规格下葬——这个举动救了刘氏一族的命。仁宗知道自己的身世以后极度崩溃，加上有人在一旁添油加醋，简直就要把刘氏一族满门抄斩。但打开李宸妃的棺材一看，发现竟然是以皇后冠服下葬的，顿时心头一块乌云散去，觉得虽然自己亲娘一直没能与自己相认这事挺遗憾的，但刘娥肯定没像这些人说的那样把自己亲娘迫害致死。于是在感慨自己身边这些人真能胡说八道之余，仁宗依然执孝子礼安葬了刘娥，并重新安葬了自己的生母李宸妃。

“狸猫换太子”的故事正是取材于这段往事。

寡人有疾，寡人好色：一个更真实的宋仁宗

仁宗亲政之后，首先要做的就是把亲刘娥的势力清扫一空。于是一场清洗开始了，一些人见此机会则推波助澜，大有全面反击和清算的架势。许多人顺势抛出种种言论，要求彻底清算刘娥主政时期的问题，对之前的政策大加诋毁。这个时候一个人果断向仁宗皇帝指出，有些人把许多问题都归结到刘太后的个人品质上，这是不对的。大宋朝发展和建设取得的一系列胜利，离不开刘太后。虽然刘太后也犯过错误，但她终究是大宋太后、你名义上的母亲，对比她的功和过，错误毕竟是第二位的……

这个人叫范仲淹，时任右司谏。太后在位时，他曾据理力争，要求太后还政于仁宗；而当太后驾崩、仁宗亲政后，他又劝谏皇帝以大局为重，考虑太后十余年的养护之情忽略太后执政时的问题。仁宗觉得说得很有道理，下令要求群臣不许再议论太后垂帘听政时期的问题。

既然不能否定刘太后，大家就转而对大宋未来的发展献计献策。于是大家踊跃发言，提出若干建议。总的来说，除了什么皇帝你要亲贤人远小人戒女色这些陈词滥调外，大家不约而同地指出了同一个问题。

那就是“三冗”问题。

所谓“三冗”，指的是“冗官”“冗兵”和“冗费”。早在真宗年间，就有人曾提出过这个问题。简单地说，就是官太多、兵太多、国家开销太大。

官太多，是因为机构设置臃肿重叠，机构设置不合理是因为宋初的皇帝试图用这种方法来制约官员，尤其是宰相手中的权力；兵太多，是因为宋朝为了防止出现唐末藩镇割据的状况，大肆扩充禁军兵员；官多兵多了之后，开销也就自然跟着水涨船高了，于是就形成了“冗费”。

这“三冗”问题，可以说是整个宋朝政治改革的核心内容。大家围绕着这个问题展开了一次又一次激烈的讨论和政治斗争，然而直到宋朝灭亡，也没能彻底解决。

就像这次，这个问题刚刚提出来就被搁置了，因为仁宗皇帝的后宫起火了。

仁宗皇帝小时候被管得很严，刘太后坚信孩子不能惯。比如选妃这事，仁宗最初中意的是一个王姓的川妹子，据说这个妹子“姿色冠世”，刘太后觉得万一娶了这个人，皇帝沉迷女色不能自拔咋整？这样吧，我做主把这个妖艳的女子嫁给我侄子了！从源头上断绝你沉迷美色的可能性！

在这种情况下，仁宗的皇后被刘娥强行指派为平卢军节度使郭崇的曾孙女郭氏，倒是应了太祖皇帝在杯酒释兵权时所做出的“且与尔曹约为婚姻”的约定。实际上，宋初直到宋朝中期，皇帝的皇后大都是将门之女。仁宗对这事心中肯定是十分不爽，好在郭后刚被立时只有十三岁，而那一年仁宗皇帝也只有十五岁，而刘娥对仁宗的保护无微不至，使得仁宗皇帝没有过早接触男女之事，因此两人之间的关系更像是童年玩伴，倒也相处得比较融洽。

可随着仁宗年纪渐长，尤其是经历过男女之事后被压抑的天性得到释放，他开始释放自己心中的欲望了。郭后则争风吃醋，仗着太后支持每每干涉仁宗的风流好事，两个人的矛盾愈演愈烈。终于在刘娥死后，仁宗开始纵欲，被冷落的郭皇后却还没意识到自己最大的靠山已经没有了，依然像以前一样争风吃醋。可问题是现在宫里皇帝最大了啊，别的美人得了皇帝恩宠，谁还会把你一个不受宠的皇后当回事呢？

搞来搞去，终于出事了。

在一次例行的争风吃醋中，郭皇后被当时正受宠的尚美人还嘴了，郭皇后哪受得了这个，上去就是一巴掌！本来皇后打妃子一巴掌也不是什么大事，打就打了，坏就坏在仁宗心疼美人非要挺身而出拉架，结果郭皇后这一耳光结结实实地落在了仁宗的脸上……

什么都别说了，这日子没法过了！离！

对！废后！必须废！

仁宗废后的强烈支持者是宰相吕夷简，为什么吕夷简非要蹚这浑水呢？很简单，他和郭皇后有仇。

大家还记得仁宗亲政之后做了什么吗？没错，就是把刘娥时期的主政大臣们统统换了一遍。原本吕夷简在仁宗心中的印象还挺好，仁宗没打算把他也撤掉，结果他跟郭皇后聊过自己的计划以后，郭皇后特别不以为然地甩了一句：你啊，还是太年轻、太幼稚，你怎么知道吕夷简就不依附太后呢？他不过是做得好没让你看出来罢了！

对啊！仁宗皇帝豁然开朗，吕夷简从天圣六年（1028 年）拜相，在刘娥主政的时候做了四五年的宰相，怎么可能不依附太后？不跟紧太后的步伐，他早就被撤啦！于是赶紧把吕夷简也罢相了。

吕夷简知道这个消息以后很崩溃，我昨天还在和皇上一起讨论撤别人的事，怎么转头自己就被撤了？后来得到了内部消息，知道是郭皇后从中作怪。

行，我记住了，君子报仇，十年不晚！

结果用不着等十年，被罢相后半年，仁宗皇帝就深感自己选的新人执政能力还是有点不行，又把吕夷简找了回来。结果没过多久，就出了废后这事，吕夷简心中畅快：不是不报，时候未到啊！

吕夷简迅速指出，皇后当废，并不是因为她打了皇上您的龙脸，而是因为她作为一个皇后，九年都没能给您生下一儿半女，在基础方面实在不合格。同时您也不用担心这事以前没有先例，汉唐时就有因为皇后生不了孩子还善妒而废后的事。您这废后事实充分，道理清楚，绝对合乎逻辑！

妥了，原本仁宗只是积怒暴发，顺便发泄一下对已故太后的不满。结果让吕夷简这么一说，他发现自己这哪是在发泄不满啊，分明是在为我大宋江山社稷考虑啊——你说这皇后无子还善妒，以后我没孩子大宋江山延续不下去，谁负这个责啊！于是在吕夷简的推波助澜下，废后诏书迅速出台。这下整个朝廷都乱了。

废后啊！中国历朝历代，废后都是一件天大的事情。自古帝王无家事，不要说废后，就是当年真宗皇帝想立刘娥为皇后，也要看群臣的脸色。现在你说废就废，那我们这些臣子算什么？空气么？

于是谏官们开始集体上书，吕夷简对这事早有准备，他嘱咐把谏官们的奏章全都给我压下来，一份也不要送到皇上手里。大家一看，你封堵言路是吧？行！我们集体上告去！于是在右司谏范仲淹与权御史中丞孔道辅（这位老兄也非常人，乃是孔夫子的 45 世孙）的带领下，大家跑到垂拱殿外集体上告，仁宗则避而不见。官员们在门外大叫，你开门啊，开门啊！你有本事废皇后，你就有本事开门听我们说啊！仁宗十分崩溃——一群大臣天天不工作在皇宫里大喊大叫成何体统！然而宋朝文贵武贱，自太宗皇帝开始对这些士大夫就始终优待，也不能因为人家集体上告就都拉出去打板子。思前想后，仁宗决定让这些谏官去找吕夷简——吕夷简，当初不是你给我提供的废后理由么？现在这事也交给你了，当初和我怎么说的就怎么和他们说一下，赶紧把他们都给我搞定了！

不幸的是，吕夷简搞不定这事。

气势汹汹的谏官们舌战吕夷简，差点用吐沫把吕夷简给淹死。吕夷简提出的两条理由全都被否，孔道辅指出：做臣子的对待皇上应该像对父母一样，你家爹妈闹离婚了，你不过去劝反而让他们离，有你这么干的么？

没招了，吕夷简回去找皇帝——这事我搞不定啊。

然而现在事情已经不仅仅是废不废皇后这么简单了。仁宗从中意识到了，或者说他在吕夷简的帮助下意识到了一个敏感的问题，那就是自己的意志并不能在朝廷里得到彻底贯彻。其中，谏官们就是他面前最大的阻碍。

谏官们反对废后的主要理由是废后有违祖宗之法——也就是说，咱们大宋从来没废过皇后，您要是废后那就违背了祖宗的法度。这无异于告诉仁宗：您以后的行为要是和祖宗之法相悖了，比如搞个改革啊什么的，那可就别怪我们要跟您不客气。

这种情况下，仁宗觉得自己不能认输，这要是认输了，以后的日子还怎么过？这样，你们谏官不是反对废后么？好，言郭皇后不当废的，获罪！

一时间谏官们被贬的被贬、罚款的罚款，仁宗皇帝甚至派人督促被贬到外地的赶紧收拾行李走人。范仲淹、孔道辅分别被贬到了睦州、泰州。同时仁宗表示，鉴于你们这些谏官的恶劣行径，以后再上疏只能秘密上奏，而且严禁拉帮结伙！

仁宗觉得通过这种方式自己已经确立了在朝中的威信，于是开始肆无忌惮地花天酒地，嘲讽过郭皇后的尚美人和另外一个杨姓美人每天陪他一起淫乐，搞得宫内外没人不知道皇上好色。这么胡搞乱搞，他的身体很快就不行了。郭后被废后不到一年，他就出现了中风的症状，这下把满朝文武们吓坏了——先皇真宗是怎么死的？您才多大啊就这样了！

于是在宫内外一浪高过一浪的劝谏声中，尚、杨两位美人被半强制地从仁宗身边带走了。两位美人被赶出宫后不久，为了约束皇帝行为，帮助皇帝管理好后宫，景佑元年（1034 年）九月，开国大将曹彬的孙女曹氏在众多大臣的支持声中登上后位。

仁宗皇帝亲政之初还算勤勉，以至吕夷简曾经劝过他要抓大放小，不必事必躬亲。然而不久他的人生重心就放到了女色上，好色这个毛病伴随了他一辈子，以至于他与臣子们数次就类似问题爆发冲突。滕宗谅——就是《岳阳楼记》里的那位滕子京，就曾因为揭了皇帝的短，说“陛下日居深宫，留连荒宴，临朝则多羸形倦色，决事如不挂圣怀”而被贬信州。

在仁宗将大部分精力都投入女色中的同时，吕夷简则在朝廷里兴风作浪。虽然吕夷简的业务水平是有目共睹的，但他徇私舞弊起来也是十分厉害，没几年就把自己的心腹安插到朝廷各个重要位置上，通过姻亲与师生年谊等关系，吕夷简在朝廷里编织了一张巨大的关系网，从而使自己在朝中的地位愈发重要。吕夷简集团里的主要成员大多是世代为官的大地主、大官僚家庭出身，缺乏改革动力，因此施政方针因循守旧。

但是太宗以来大开科举，朝廷纳士几十年，自然也吸收了一大批新血。这些新鲜血液本能地要求在朝廷上发出自己的声音，范仲淹就是其中的代表。

范仲淹上次废后事件被贬后不久就被仁宗重新起用，又召回了朝廷——实际上那次被贬的人在仁宗基本掌控了朝政后基本都被重新起用了。此时的范仲淹在朝廷选人用人等问题上和吕夷简爆发了极大的矛盾——凭什么朝廷提拔官员都先提拔你吕夷简的亲朋故旧？皇上您这个宰相比较不靠谱，把干部提拔的事情交给他不太合理啊！范仲淹觉得光这么说还不足以表达他心中所想，没图我说个什么劲？于是干脆画了幅《百官图》，然后指给仁宗看：喏，这个，这个是吕夷简的亲戚，提拔得有问题；喏，那个和吕夷简没什么关系，属于正常提拔……

吕夷简要气死了：范仲淹你是不是有病？我选人用人有没有问题和你有什么关系？这也不是你的本职工作啊！皇上我跟你讲，范仲淹这人有问题，他这不是对朝廷提拔干部有意见，而是变相推荐他的人，是离间咱们君臣啊！

于是在吕夷简的打击报复下，范仲淹又一次被贬外地，同他关系密切的一批人被定性为“反动政治集团”，被贬的被贬，罚款的罚款，其中包括著名的大文豪欧阳修，然而以他为核心的一个新的政治势力却开始逐渐形成。就算吕夷简在朝廷里反复强调不许百官越职议事，对和范仲淹关系密切的人不断进行打击，一大批正直人士却站到了范仲淹身边。甚至有人主动宣称自己是范仲淹集团成员，要求朝廷赶紧把自己贬到外地去。北宋的大规模党争由此开始。

在这次事件之前，宋朝也曾爆发过各种政治斗争。然而这次的不同之处在于与吕夷简集团对立的范仲淹集团的主要成员大都是草根出身，他们通过科举的上升通道在朝廷中占据一席之地，然后迅速提出了自己的政治诉求，与以吕夷简为代表的保守势力展开斗争。

吕夷简虽然在这次事件中暂时取得了胜利，然而不久后就因为同宰相王曾互相攻讦引起了仁宗的反感。仁宗觉得你们有完没完？还能不能让朕消停一会儿了？干脆你们都别干了！吕夷简就这样离开了相位。

朝廷里的争执终于告一段落了，仁宗长出了一口气。但还没等他好好享受一下这来之不易的安宁，一个十万火急的消息就送到了他的案头。

西北出事了！

西夏：一个王朝的崛起

自从咸平年间李继迁向大宋求和之后，党项人就消停了许多。一方面李继迁已经拿下了灵州——此地战略位置重要，然而对大宋来讲补给却极为困难，因此宋朝君臣对是弃是守始终态度犹豫，而李继迁则抓住时机一举而克——继续向宋朝发动进攻就要深入宋朝腹地，必然会引起宋朝的强烈反弹。另一方面吐蕃那里还有好大一片地盘可以开拓，因此他与大宋停战之后就将战略重心转向了自己的西面。然而向来喜欢跟大宋玩诈降后捅一刀的李继迁却中了吐蕃人的诈降之计，中箭而亡。他临死前嘱咐儿子李德明务必要同宋辽保持良好的关系，低调发展，而此时宋辽刚签订了澶渊之盟，对李德明提出的媾和请求自然是乐见其成的。

李继迁南征北战几十年，不仅保住了党项人原有的势力范围，更重要的是从宋朝手中夺取了灵州，从吐蕃人手中夺取了凉州。灵州前有黄河，后倚贺兰山，历来是西北要冲、兵家必争之地，凉州则能够与河西首尾呼应，为党项人提供较大的战略空间。这片土地蕴藏大量矿藏与盐矿，土地肥沃、适宜耕作，还是优质的战马产地，这正是日后西夏的立国之本。李继迁死后，李德明不断向宋朝示好，同时坚定不移地执行他父亲提出的西进战略，与吐蕃和回鹘围绕着凉州大打出手。到了仁宗亲政时，整个河西走廊已经都在李德明掌控之下了，他的野心也越来越大。

李德明之所以能够控制整个河西走廊，他的儿子李元昊居功至伟。李元昊乃是天生的王霸之才，出身不凡又勇武超群，精通汉、蕃文字，通晓佛学又饱读兵书，在和吐蕃与回鹘的战斗中起到了决定性的作用。这么厉害的人当然不甘心久居人下，他不止一次向其父提出要跟大宋开兵见仗——就算不能发动大规模战争，偶尔四处劫掠一下也是好的。李德明觉得咱们西边和吐蕃回鹘打得不可开交，在东边向大宋称臣要好处顺便做点买卖正好可以贴补家用。宋朝安于现状，完全没有要和咱们撕破脸皮的意思，你打他干吗？况且你看宋朝给咱们的这些东西还是挺好的，咱们现在穿的绫罗绸缎不比以前穿的破皮衣好多了？所以还是和宋朝保持和平吧！

李元昊有点急——用今天的话说，当时大宋有着百分百的自信，不断向周边进行着文化和价值输出——咱们党项人现在整天被大宋影响，已经不像党项人了。这称王称霸、四处征伐才是咱们该干的好吗？咱们以前没有绫罗绸缎，整天穿着毛皮四处游牧难道就不好了？现在你们都被腐蚀了啊！

不过再怎么义愤填膺，他毕竟还不是党项的首领，李德明依然执行着在他看来十分窝囊的对宋媾和政策。只不过随着实力的逐渐增长，李德明的胃口也越来越大，他开始渴望能更进一步——建国称帝，但又怕引起宋辽的不满，因此始终处于犹豫不决的状态，最终也没能下定决心迈出那一步。明道元年，李德明撒手归西，李元昊成了党项的首领——这下终于没人能够阻止我了！于是李元昊开始了“去大宋化”：

首先是从外在上和宋人划清界限，咱们党项人以后谁也不许留汉人的发型，都给我剃喽！谁不剃就弄死谁，留发不留头，留头不留发！还有你们的姓氏，也别用什么赵、李、王了，咱们党项人祖上有这些姓么？我先来，把我家的姓改成“嵬名”，你们都得改！朝廷官员的服饰什么的也得改，都改成具有咱们党项特色的服装！

其次是加强内涵建设，改变礼乐制度。除此之外，李元昊还觉得咱们都用汉字、蕃文甚至辽文怎么行！咱们必须发明一种属于自己的西夏文！由于精通多种语言，李元昊干脆亲自主抓这项工作，提出了方案。野利任荣根据李元昊的指示花费一年时间搞出了西夏文字，笔画繁复到令大臣们纷纷感叹——这玩意儿真是太反人类……不是，是太棒了！

最后当然是加强军队准备打仗了。以前党项人的武力还是很原始的部落武装，大家应该还记得，李继迁为了争取部落支持，不得不亲自出马联姻大小部落的事情。这样的兵制当然无法有效地同宋辽两国对抗。因此李元昊花费极大的力气，建立了一支直属王室的精锐部队，并在这支部队的威慑下命令各部落十五以上六十以下的男子二丁抽一，建立起了隶属国家的常备军制度。

经过这么一番折腾，李元昊已经做好了战斗准备。

现在万事俱备，就差登基了。

这时发生的一件事使李元昊坚定了与宋朝反目、称帝的决心。

宝元元年（1038 年），李元昊的从叔、协助其执掌军政多年的嵬名山遇劝阻李元昊不成，带领家人投奔大宋。然而宋朝延州知州郭劝和钤辖李渭却觉得这是你们党项人内部事情，要是我们收留下来岂不是扰乱别国内政？万一使得友邦人士惊诧莫名就不好了。于是不仅无视了嵬名山遇提供的情报，还将其一家人绑了送去夏州，以致嵬名山遇全家人惨死在李元昊手上。李元昊经过此事彻底看清了宋朝软弱无能的本质，于是决定称帝登基，与宋朝反目。

宝元元年十月，李元昊改国号为大夏，改元天授礼法延祚，正式称帝。称帝之后的李元昊一方面要求宋朝承认他称帝的合法性，一方面开始派兵侵掠宋朝。而一直以来希望通过绥靖政策换来西夏地区和平的宋朝觉得，我之前不收拾你是懒得理你，就你们西夏那点破地方还想称帝？李元昊你这是自寻死路啊！

宋朝强大的信心建立在其发达的经济实力和虚胖的账面兵力上。经过这么多年的休养生息，宝元元年宋朝的经济实力已经增长到一个可怕的地步，仅陕西一地的军事开支就在千万级别，而军队数量在真宗后期就已经达到了近百万的规模（有约四十万禁军）。砸出十万人马、千万军费平你一个西夏小国，在仁宗君臣看来绝对是手到擒来。

在这种氛围下，朝廷里的战争呼声一浪高过一浪，偶尔几个反战派则被斥为脑子进水的糊涂蛋，大宋的将士们已经饥渴难耐了！

就在这样乐观的氛围中，宋朝迎来了自雍熙北伐以来最大一次惨败。

李元昊确定的主攻方向是陕西，当时陕西的主要军政领导是范雍和夏竦，分别驻守延州（今陕西延安）与泾州（今甘肃泾川）。李元昊先是试探性地进攻了一下延州周边的保安军（今陕西志丹）和承平寨，发现宋军彼此间各自为营，互不照应，于是开始放出流言，说自己下次就直奔延州而去，让范雍洗干净脖子等着。

范雍有点害怕，李元昊的两次进攻虽然都被打退了，但是西夏人这不要命的架势却让他觉得十分心虚。向朝廷要救兵吧，朝廷觉得你们这不是接连打退敌人进攻么？形势挺好的，不能因为你听了流言就增兵吧。死活不向前线增兵。在这种情况下，李元昊开始玩起了阴谋。

他先是派人跟范雍说自己想开了，这几次大动刀兵谁也没得到好处，不如两边议和，他重新归附朝廷。这让范雍十分开心地放松了警惕，然后他开始大肆贿赂收买金明寨的各级军官。金明寨就是今天的保安县，扼守延州门户，领兵大将叫李士彬，人称“铁壁相公”，坐拥十万人马，十分厉害。李元昊对李士彬采取了多管齐下的策略：一方面贿赂他属下军官，诱惑他们反水；一方面不断在小型战斗中为李士彬送上战果，甚至主动替他大吹法螺：妈呀，铁壁相公太厉害了！我们不是对手！使得李士彬逐渐变得狂傲骄纵，对下属也越来越严苛；最后则源源不断地向金明寨输送俘虏，搞得寨子里李元昊的人越来越多……

宝元三年正月，李元昊觉得时机已经成熟，向延州发起了总攻。打到金明寨时，早就被收买的军官与诈降的俘虏们里应外合，一举拿下了金明寨。西夏大军将延州团团围住，整个西北战场的形势瞬间变得岌岌可危。范雍听到消息赶紧求援，结果正中李元昊围点打援之计，援军在三川口中了埋伏，两万宋军全军覆没。

消息传到开封，朝野震动——前后十几万人马啊！就这么被西夏干掉了？这都快赶上雍熙北伐时候损失的兵力了！这万一要是延州失守——而且看样子好像很快就要失守了——李元昊下一个目标就是长安！这日子还过不过了？

万幸的是，李元昊打三川口战役的几天里延州附近气温骤降，西夏军缺少御寒衣物没法继续战斗，部分宋军又一直深入敌后尝试切断西夏军的后路。李元昊觉得再坚持下去容易出事，见好就收比较靠谱，于是收兵回国，延州才算勉强保住。

之后宋夏战争进入僵持阶段，范仲淹和韩琦——他曾在范仲淹被贬后担任右司谏一职，此次西夏战争陷入颓势后他果断向仁宗推荐了被贬到越州的范仲淹——作为夏竦的副手被充实到陕西战场。两人虽然彼此欣赏，在对西夏的作战方针上却出现了分歧。

韩琦觉得应该主动出击，打李元昊一个措手不及；范仲淹觉得宋朝武备松弛，刚刚又经历一场大败，不如坚壁清野，稳扎稳打。两个人都是台谏官出身，嘴皮子十分利索。夏竦觉得自己完全没法定夺，索性交给仁宗皇帝决定。仁宗先是觉得韩琦说得有道理，决定采纳韩琦的主张一鼓作气解决西夏问题，又被范仲淹说动同意他暂缓出兵……

行了，你们不用讨论了！李元昊决定替大宋君臣结束这场争执。庆历元年二月，李元昊抢先发动进攻，向渭州（今甘肃平凉）发动了攻势。韩琦指挥反击，结果属下将领贪功冒进，中了西夏诱敌深入之计，在渭州北边的好水川被西夏军围歼，死伤惨重。韩琦被降一级，主战派彻底失去了发言权。

为李元昊献上诱敌深入之计的是陕西的一个落第举子，名叫张元。他在西夏建国时投奔李元昊，作为李元昊的军师与相国长期活跃在西夏的政治舞台上。张元觉得大宋不是看不见我的才华么？行，那我就投奔西夏灭了大宋！属于西夏国内最为坚定的主战派之一。好水川之战后，张元志得意满——你夏竦、韩琦不都是科举出身么？现在怎么样，还不是被我这个落第举子打得满地找牙！还派人向宋军丢了一首诗，诗的内容是这样的："夏竦何曾耸？韩琦未足奇。满川龙虎辇，犹自说兵机。"

张元的出现甚至比两次大败更让大宋觉得震撼——咱们给文人的待遇还不够好吗？为什么一个落第举子竟然会背叛大宋，宁愿替这些西夏人出力？这间接促成了后来宋朝科举制度的改革，将殿试的"末位淘汰制"取消，扩大取士范围，防止再次出现文人叛逃事件。这一举措无形中又拉大了文武之间的差距。同时，宋朝将张元视为民族败类，诗词选集中从不收录其诗词——你不是想青史留名么？我让你什么都留不住，只能留下个骂名！张诗词气象豪迈，曾有"五丁仗剑决云霓，直取天河下帝畿。战罢玉龙三百万，败鳞残甲满天飞 "之诗。"飞起玉龙三百万，搅得周天寒彻"即借用此诗。

好水川之战后，范仲淹作为保守派并没有迎来自己的春天，这完全是他的性格所决定的。李元昊在这次战役之后觉得自己取得了不少战果，但消耗也很大，因此想试探一下，看看宋朝的态度有没有松动。假如有，那就可以坐下来议和。范仲淹得到了消息之后就尝试着和李元昊接触了一下，结果发现李元昊态度十分傲慢。范仲淹那是什么脾气？那是敢同恶鬼争高下，不向霸王让寸分的人啊！果断当着西夏使者的面把李元昊措辞十分不礼貌的信给烧了，然后誊录了个副本送给仁宗。仁宗见信之后觉得范仲淹你是不是疯了？你一个大臣敢不跟朝廷商量，自己和西夏讨论这么大的外交问题？我给你授权了么！于是就地贬职，将范仲淹贬到了耀州（今陕西铜川市耀州区）。

其实在好水川之战前，宋军已经在同西夏的拉锯战中取得一定的战果，收复了包括金明寨在内的一些失地。然而宋朝没能形成统一的作战意见，耽误了宝贵的时间，最终导致好水川之败。而李元昊虽然不断歼灭宋朝的有生力量，却也在消耗着西夏的宝贵国力。同宋朝比起来，西夏的体量实在是太小了，而李元昊所率领的党项人又始终没能听取张元的建议——攻城略地后培养汉奸，让汉人驻守城池增强实力——往往劫掠一番之后就撤兵回国。这使得西夏在战争中的消耗甚至大于劫掠所得。在这种形势下，范仲淹稳扎稳打的战略思想逐渐为仁宗所接受——我打不过你是吧？没关系，我有钱，我慢慢耗着你，看咱俩谁先受不了！

西夏人很快就受不了了，打仗总死人，又没油水可捞，咱们图什么呢？大宋把边贸也关了，这下连日用品都进不来了，咱们能不能考虑一下跟大宋讲和啊？然而李元昊却觉得自己的战略意图还没达到，这刚打了几场胜仗还没取得实质性进展，怎么也得从宋朝身上狠狠咬块肉下来才能讲和啊！因此，李元昊无视底下人的反对意见，继续发动攻势，又接连在丰州和定川取得了一系列胜利，吓得吕夷简（仁宗皇帝由于西夏战事糜烂又重新启用了这位能臣）惊呼一战不如一战，简直可怕！

这时候宋朝的作战方针已经彻底转变了。在好水川之战前，宋军就将整个西北防务划分为鄜延、环庆、泾原、秦凤四路，定川大败时这四路屯兵约二十万。仁宗觉得四路兵马各自为政不如统一到一个指挥官手下，于是任命范仲淹、韩琦和庞籍为陕西安抚经略招讨使，全面负责西北防务。而范仲淹等人开始在冲突地区大修工事，在正规军之外搞了许多团练，随时防备西夏军的骚扰。本来李元昊就严重缺乏攻城能力，这么一来连他拿手的劫掠骚扰战术也开始处处受限了。西夏人觉得范仲淹这个人还是蛮厉害的，还互相提示这个小范老子和以前的那个大范老子（范雍）不一样，那个是废物，这个胸中自有雄兵数万……

但是光防守也没用啊！西夏人依然掌握着战略上的主动权，宋军依然处于被动防守的状态。几十万大军在西北，人吃马喂每天耗费的军费是一个天文数字。大宋的军事开支从宝元二年战争开始时的1551万迅速增至庆历二年的3363万。如果说这点钱大宋咬咬牙还掏得出来的话，那么庆历二年发生的一件事则让宋朝君臣的心一起提到了嗓子眼。

辽国想敲大宋的竹杠了。

庆历二年正月，辽国向大宋正式提出交涉。辽国指出：维护和平、稳定、繁荣符合宋、夏、辽各方的共同利益，宋与西夏双方攻讦不休，无视辽与西夏之间的传统友谊，加剧地区紧张局势，不利于促进本地区间的安全互信，不符合和平发展合作的时代潮流。

宋朝表示呵呵，李元昊登基的时候，你们不也气得不行么？现在扯什么你们和西夏之间的传统友谊，说吧，你们想干吗？

嗯，我们想要关南十县……

咱们在澶渊的时候不都谈过这事了么！你们答应双方维持原有边境实际控制线不变啊！怎么现在又要反悔么！

那个，澶渊之盟的时候是萧太后主政，现在太后都死了多少年了。新人新气象嘛，反正我们辽国大军现在就在两国边境，皇帝想要关南十县，你们看着办。

澶渊之盟的时候主政的萧太后早就没了，当时的辽国皇帝、辽圣宗耶律隆绪也在天圣九年死了（1031年）。继位的是辽圣宗的儿子辽兴宗耶律宗真，他继位之初朝政被生母萧耨斤掌控，而萧耨斤恰好不太喜欢自己这个儿子，一度想废掉他换自己另外一个儿子做皇帝。结果耶律宗真找了个机会将自己母亲的势力一网打尽，把自己的亲生母亲废为庶人并囚禁起来。然而反复的冲突使得辽国内部矛盾逐渐激化，耶律宗真开始感到自己力不从心了。

转移国内矛盾的最好办法是什么？当然是转移到国外去啊！

耶律宗真实际上并不是真的想要关南十县，他只是想借宋朝在西夏焦头烂额的当口敲诈宋朝一下，顺便巩固一下自己的执政地位。辽国占据了燕云十六州之后从游牧民族变成了半游牧半农耕国家，但始终没能彻底转变成农耕国家。因此辽国的国库收入基本上都靠压榨南京道——也就是燕云十六州的汉人而来，而在更北面的广阔疆域上辽国仍是以比较落后的游牧民族部落形式来进行管理。这也是为什么澶渊之盟辽国拿到三十万岁币就心满意足退兵的主要原因：对辽国来讲，那真的是挺大一笔钱！

仁宗君臣对辽国这个突如其来的讹诈有点蒙，不过人家使者来提出了要求，你也不能置之不理——那就打起来了。因此当务之急是找个人先去辽国回个信。

结果没人敢去。

开玩笑！契丹人啊！当初打得太宗骑驴乱窜的契丹人啊！谁知道去了会不会被开膛破腹摘了心肝祭旗啊？仁宗觉得我真是白养活你们这些废物了。就在这个时候，吕夷简推荐了一个人，说他去肯定能行。

这个人叫富弼。

富弼当时是知制诰，你可以理解为皇帝的笔杆子，写作能力出众，他和范仲淹、欧阳修等人关系密切。庆历二年的时候，他因为一点小事得罪了宰相吕夷简，恰好这时候需要一个人去辽国回信，吕夷简就开开心心地推荐了他——你不是厉害吗？正好你以前还出使过辽国，有经验有能力，就你了！

欧阳修等人大惊，这去了能不能回来可就不一定了啊！于是欧阳修赶紧上书仁宗，说唐朝的时候就有过这种事，唐德宗当时听信谗言派颜真卿出使叛贼李希烈，结果到那里颜真卿就被弄死了，国家蒙受巨大损失。您看富弼这种人才咱们能不能，啊，留下来？结果吕夷简故伎重演，把欧阳修的请示给扣了下来。

结果富弼见到仁宗说了一句话：“主忧臣辱，臣不敢爱其死。”

仁宗感动莫名，需要指出的是，当年宋太祖赵匡胤在后周为将的时候，正是高呼“主忧臣辱，主危臣死”的口号，在高平之战中挽救了残局，从而摇身一变成为周世宗心腹爱将。

于是富弼迅速被指派成为对辽外交工作的具体负责人，他的第一个任务是接待辽国使者萧英、刘六符。富弼在这个过程中展现出了超凡的外交才华，不仅有理有据有节地做好了接待工作，还神奇地把萧英给唠高兴了！结果萧英高兴之下完全忘记了自己是来干什么的，把耶律宗真划给他的谈判底线透露给了富弼！

富弼很开心地向朝廷做了汇报：大家放心，敌人的秘密我已经探听明白啦——能讹回来关南十县就讹回来，要不行随便弄点好处糊弄糊弄就行！

仁宗君臣大喜过望——要好处？没问题啊！给钱，和亲，怎么都行！

于是富弼去辽国回信了。见到耶律宗真以后，富弼动之以情晓之以理，明确地向耶律宗真传达了两个观点：第一，你要是开战能不能赢两说，不过损兵折将这锅肯定是扣在你头上没跑了，抢来的钱还都进了各个部落和大臣的腰包；第二，要是你能同意要钱，这钱就全能进你自己的腰包，价钱咱们还可以再商量。

经过一番激烈争论，最后耶律宗真终于决定忘了关南十县，还是谈钱吧——是不是还可以和亲来着？

没错，问题是和亲我们还得给嫁妆，因此和亲不给钱，给钱不和亲，您看着办吧。

得，那和亲的事咱们也别提了，谈谈钱吧。关南十县既然不能给我，那就把关南十县的赋税给我得了。

关南十县每年的赋税大概是十万，仁宗君臣很豪爽地决定在原有岁币的基础上增加绢十万匹、银十万两。不过增加的这十万可不是白给的，宋朝要求辽国看在钱的面子上，出面调停宋夏战争。

没问题啊！耶律宗真一口答应。实际上，由于前几年西夏和大宋的战事太顺利了，因此李元昊对辽国也就难免没有以前那么尊重了，耶律宗真看李元昊不爽已经好久了。

这下两国都得到了自己想要的东西：耶律宗真可以吹嘘自己取得了萧太后都没能完成的伟大成就——瞧见没，我把这十个县的赋税变相拿回来了！当年萧太后厉害不厉害？她都没能染指关南！而宋朝觉得这么点钱就能摆平辽国人，还破坏了可能的辽夏联盟，实在是很划算啊！

虽然之后双方还在移交岁币的具体措辞上有所争执，但是既然双方意见已经达成一致，那些细枝末节的东西也就很快被敲定了。因为此时辽国年号为重熙，所以这次事件被称为“重熙增币”事件，宋朝则称其为“庆历增币”。

李元昊忽然发现自己跟辽国一起夹击大宋的梦想破灭了，相反辽国却开始对自己指手画脚了。在对宋战争中变得越来越狂傲自大的李元昊对此表示十分愤怒，于是大宋君臣喜闻乐见的事情发生了：辽国和西夏之间的摩擦愈演愈烈，这俩要打起来啦！

李元昊虽然狂妄自大，然而还没有狂妄到觉得自己能同时干翻辽宋两国的地步，因此他开始准备同宋朝议和，而仁宗君臣则长出了一口气：你总算不想打了。

经过艰苦而漫长的谈判（当然主要还是辽国大军压境的功劳），李元昊最终放低了姿态，不再像前几次一样一点面子都不给大宋。他答应去掉自己的帝号，名义上向大宋称臣——但在西夏国内李元昊仍以皇帝自居。宋朝则为自己的面子付出了银、绢、茶、采二十五万两、匹、斤的代价，当然这些东西是以“赏赐”的名义送到西夏的。同时允许互市通商。

宋仁宗觉得这次宋夏和议之成功，完全可以与澶渊之盟比肩。但是仁宗君臣却忘了一件极为重要的事情，那就是这次议和完全没有划定两国的国界。在澶渊之盟中，宋辽两国对国界进行了明确地界定。划定明确的国界实际上为日后两国通过谈判——这正是宋朝的强项——解决领土纠纷提供了理论依据，宋辽两国之所以能够在澶渊之盟后保持百余年的和平，就是基于这一点。缺乏明确约束条件的和议客观上为西夏提供了发动战争的借口。在未来的几十年里，西夏会一次又一次地成为宋朝在西北的心腹之患。

而眼下，李元昊要先解决辽国的问题。

公元1044年，宋朝庆历四年，夏辽战争爆发，辽兴宗御驾亲征。

大宋君臣开心得简直要跳起来了——打！往死里打！

西夏同宋朝征战多年，但在辽军面前却还是不够看。辽军深入西夏境内，在贺兰山将西夏军打得大败，李元昊甚至主动请降。

本来耶律宗真可以见好就收，然后大臣却一个劲地给他添油加醋——皇上咱们这么牛，干吗还要跟他议和呢？干脆一了百了，把这个见鬼的西夏灭了得了！结果耶律宗真热血上头：那就灭了他！于是继续挥军前进。

然而这一前进，出事了。

李元昊坚壁清野，防火烧荒。辽军继续深入下去之后，发现自己的后勤竟然跟不上了！

这实在是很荒唐的一件事，要知道辽军之所以一直能在宋朝境内来去如风，靠的就是放弃后勤就地补给“打草谷”（也就是抢劫）。结果李元昊这么一搞，辽军在西夏境内得不到任何补给，顿时陷入了混乱之中。

就在一片混乱中，西夏人反杀了回来。

辽军大败，死伤无数，耶律宗真仅以身免。而李元昊见好就收，重新请和，耶律宗真勉强答应了他的求和。从此，宋、西夏、辽三国鼎立的政治格局正式形成。

打完西夏战争之后的大宋终于能够缓一口气，收拾一下国内的烂摊子了。为了打这场该死的战争，朝廷几乎要把家底掏出来了。陕西路作为主战场打得满目疮痍自不必说，就连其他地方为了支持战争也是勒紧裤腰带，连起义都爆发了两次！要说有什么好消息，大概只有一件事能勉强算得上：吕夷简死了。

庆历二年的时候，吕夷简因为“风眩”病倒了，庆历三年，他终于撑不住了。这位坚定不移同范仲淹等人做斗争的能吏权臣终于还是输给了时间，不得不光荣退休，不久后病故。

现在，舞台是范仲淹、欧阳修这些人的了。

失败的改革与更加失败的党争

实际上，在庆历三年，宋夏和谈刚刚提上日程的时候，范仲淹就被仁宗调回开封了。挟出将之威归来的范仲淹直接进入大宋的最高层，开始了他的入相生涯。而韩琦、欧阳修、富弼等人则围绕在他身边，形成了庆历年间不可忽视的一股政治力量。

而宋仁宗则终于能喘一口气，来理顺一下自己的朝政了。他很纠结，自己除了作风上有点问题，基本上就没什么太大的黑点了。可为什么国外频频搞事，国内这些百姓整天不消停？最关键的是，咱们大宋号称富甲天下，现在却入不敷出，仁宗一个皇帝还总得从皇宫内库里拿钱补贴国家！庆历二年掏了一百万银、两百万绢给三司拿去挥霍，今年又掏了三百万绢补贴国用，再这么搞下去国家怎么样我不知道，我宋仁宗就得先破产了！

税越收越重，国家一天不如一天，我越来越穷，老百姓还成天造反，老范你说这到底是咋回事啊？

皇上，交给我了，我给您想个万全之策！

实际上从现在的角度来看，西夏战争时由于军费暴涨，朝廷滥发劣币，又在重熙增币和宋夏和议中送出了大量岁币，因此导致市面上劣币驱逐良币的同时没有足够的货币供给。同时宋朝开国日久，缺乏风险规避能力的自耕农们面临天灾和额外的军费负担时很容易破产，从而被大小地主兼并。而根据宋太祖最初设计的军队建设理念，一旦流民无路可去，则可直接被吸收成为禁军，这样可以确保破产农民不至于成为社会的不稳定因素，只是这样又扩大了冗兵的规模，而朝廷的负担也又增加了一重。本来仁宗年间这些问题还不至于尖锐到无法解决，但是突如其来的宋夏战争却猛然间勒住了大宋的脖子，因此这些问题就一下都暴露出来了。

范仲淹思来想去，觉得还是得从整顿吏治、发展生产入手来进行改革。这也是中国古代政治改革的通病，改革者往往缺乏更深层次的理论框架作为支撑，总是认为只要官吏人人恪尽职守、朝廷吏治清明，百姓安心务农、皇上不胡搞乱搞，那么天下自然太平。

庆历三年九月，范仲淹拿出了自己的改革纲领。这就是著名的《答手诏条陈十事》奏疏，这十件事分别是：

“明黜陟”“抑侥幸”“精贡举”“择长官”“均公田”“厚农桑”“修武备”“减徭役”“覃恩信”“重命令”。

实际上范仲淹的改革思想很简单——咱们大宋现在遇到的问题不就是官太多、兵太多，这几年天灾频发农民总觉得活不下去么？那我精简一下官僚队伍，降低官员福利，严格控制新进官员数量，不就把冗官给控制下来了？在此基础上再发展农业，整顿吏治，百姓生活不就自然改善了？最后我把兵制一改，逐渐将募兵制改为府兵制，这冗兵的问题不也就迎刃而解了么？

道理是这个道理，但各级官员们可不干了。你整顿吏治？你精减人员？那我们怎么办！你控制新进官员数量？你还要改革科举？那我们家孩子怎么办！

然而韩琦、富弼等人接连上书，都要求整顿吏治，进行改革。一番纠结之后，范仲淹的这些建议除了“修武备”其他还是在阻力中陆续颁布实施了。

新旧政治势力之间的战争一触即发。然而谁也没想到的是，看似来势汹汹的改革派，竟然是率先自废武功的那个。

改革刚开始，欧阳修就炮轰御史台和两制官，认为这些人里有坏人，尤其是御史台，一个合格的都没有。消息传出，大家都觉得欧阳修疯了。

为什么？两制官，就是专门负责诏令的官员。欧阳修和范仲淹这些人，不是出身于谏官体系，就是出身于两制官体系，彼此之间本来就有着千丝万缕的关系，这些人可以说是他们的天然同盟。结果现在欧阳修向这些人开了炮。

行，你不是说我们里面有坏人么？你不是整顿吏治么？我们帮你！

御史台瞄准了范仲淹十分器重的改革重将：滕宗谅、张亢。

滕宗谅，字子京，曾在范仲淹走后接任庆州知州的职位。御史台说这位老兄贪污了泾州数万贯公使钱，恬不知耻，罪大恶极，必须严惩！

公使钱是宋朝的一种特殊财政制度，类似小金库，专门用来进行公款接待。仁宗知道这事以后派人前去调查。大家都知道这个指控有扯——滕宗谅当时在泾州防守西夏，打仗钱粮紧缺，钱上有点出入是正常的事。况且这人向来豪爽大方，但却不是个贪心之辈。你说他胡乱花了点钱吧可能有这事，你说他贪污了好几万贯，那怎么可能。

然而滕宗谅却做了一个十分惊人的举动。他怕自己牵连别人，因此把能证明自己清白的账簿一把火给烧了。然后坚称贪污好几万贯之类的事，都是诬陷。

都是诬陷你烧什么账簿啊？

反正事就是这么个事，我跟你说清楚了。账簿我也烧了，死无对证。至于你信不信，反正我是信了。

你这分明是销毁证据，对抗审查！必须严惩！

滕宗谅选择了烧掉账簿，以防别人受到牵连。当年和他在西北并肩战斗过的范仲淹则选择了用自己的乌纱帽来挽救滕宗谅的政治前途。他以自己的官职为赌注，力保滕宗谅，恳请仁宗皇帝宽大处理。结果十分不幸的是，仁宗此时想起了当年滕宗谅说自己荒淫好色的事，义无反顾地倒向了范仲淹的敌人，将滕宗谅贬出了京城。张亢的情况跟滕宗谅差不多，自然也被贬出京。这还不算完，御史台乘胜追击，提出滕宗谅贬得还不够厉害，还得再贬！于是滕宗谅先是被贬到了凤翔府，再贬虢州，最终在庆历四年的春天被贬到岳州巴陵郡。

庆历四年春，滕子京谪守巴陵郡。

改革派在这次和御史台的斗争中大败，然而更糟糕的事情接踵而至——改革派自己打起来了。

这事还得从庆历三年说起。范仲淹虽然回到朝中主持工作，然而他的战略思想却留在了西北。宋军在西北各地大修城寨，以防御西夏进犯。其中一个叫刘沪的寨主，在秦凤、泾原两路交界处一个叫水洛城的地方打了一场胜仗。这本来是件好事，但问题在于这个水洛城的位置比较尴尬：你说它不重要吧，它把秦州和德顺军两条战线的突出部连接起来；你说它重要吧，它不是同西夏接壤的一线战场，而是处于一个类似三不管的地带。

但不管怎么说，打下来地盘总是好事吧？于是刘沪开始找领导要政策了：水洛城地方不小，城墙年久失修，朝廷是不是批点钱修一下？

此时主管西北军事的人叫郑戬，他是范仲淹的拥护者，因此很痛快地把工程给批下来了。然而没修多久，韩琦被仁宗派到西北搞视察，觉得这地方虽然有点意思，但是跟西夏也不接壤，修城筑寨是不是有点浪费啊？就把这事叫停了。

这下事情就尴尬了，仁宗觉得韩琦之前在西北那么久，肯定熟悉西北军事。既然他说不用修，那水洛城就不用修了。

郑戬觉得你们简直是胡搞，朝廷不支持我修水洛城是吧？我支持你！咱们接着修！

朝廷说这事你能不能交给泾原路主帅尹洙？你就别管这事了行不？

郑戬说，不行，我还是西北四路总帅呢，我就要修。

那你现在不是了！朝廷果断撤了郑戬的四路总帅——反正仗也打完了，用不着四路总帅，你管好你的一亩三分地就行了。

这怎么行！我不服！我要上诉！

于是一场大论战开始了。郑戬频频上书表示水洛城必须留下来，这城不修不行！尹洙和副手狄青则频频上书，表示这城修不修真就没什么。你能不能别再插手我们泾原路的事了！郑戬死活不干，告诉自己派去修城的手下坚持住，千万不要撤。

朝廷一看，你们有完没完啊，一个破城至于这样么，准备再派人去实地考察一下。结果还没等考察团到地方呢，尹洙就和郑戬撕破脸皮了。尹洙先是准备把刘沪从水洛城调回来——刘沪当然不干。恼羞成怒的尹洙干脆来了个狠的，他让自己的副手狄青直接把刘沪和郑戬派到那里修城的董士廉抓了起来。结果这么一抓抓出了事，方法简单粗暴的狄青抓完人一走了之，水洛城直接陷入无政府状态。各族百姓在城中展开了大逃杀活动，直杀得昏天黑地，人头滚滚。

等考察团来了之后，发现水洛城怎么这样了啊！一问，大家顿时都把矛头指向了狄青——就是他，把刘沪抓走了，搞得城里大乱才变成这个样子的！刘寨主是好人啊！结果说来说去，狄青等人的形象在考察团眼里越来越黑。大家最后得出结论：刘沪等人这个城修得有道理，尹洙这些人干的事有问题。

仁宗很头疼，这么个破城你们搞来搞去，差点搞成内讧，你们这些改革派到底想怎么样？范仲淹也很头疼，狄青是自己看中的大将，筑城修寨也是自己留下的政策，结果现在为了这事大水冲了龙王庙，实在是有点扯。因此范仲淹的意思是大家各退一步。皇上您看在这些人修城也好、抓人也罢，都是出自为国效力的分上安抚安抚算了，不然你说咱们收拾了谁其实都挺让这些人寒心不是吗?

然而韩琦表示了强烈的反对：刘沪这些人无视我和朝廷的命令，死活非要修这个破城，目无法纪，怎么能不处理？再说我熟悉水洛城的环境，这城修得没道理好不好？你们觉得修城一方面能够安抚当地部众，一方面能够掩护战线突出部，但想没想过这个城修完之后李元昊随时可以拿它作为跳板打进来，这里反而没有任何掩护还白白送出去一个据点?

就在大家互相浪费口水的当口，水洛城也修得差不多了……仁宗一看，得了，你们也别吵这事了，修都修了，难道推倒重来？干脆就修完得了。至于这些人，适当惩戒一下得了。最后的结果是，尹洙被调离，刘沪被降了一级，还接着回水洛城去；而狄青因为实在太能打，竟然在他的泾原路副手职位上没动。

这件事让改革派之间爆发了极大的分歧，原本铁板一块的改革派先是被御史台狠狠捅了一刀，接着内部又出了这么大的问题，难免开始走下坡路。而保守派则开始疯狂反击。他们向仁宗指出，范仲淹等人的改革措施完全是荒谬而错误的，范仲淹他们搅乱朝政，最关键的是他们经常在一起串联，结为朋党!

朋党，这个词历来为君主所忌讳。皇帝喜欢看到的是，臣子们依附于自己而互相攻讦，绝对不希望看到自己的臣子都抱成团，形成能跟自己抗衡的政治势力。仁宗当然不能免俗，但是他本能觉得范仲淹这些人好像还是很用心为朝廷干事的。因此，他忍不住问了一下范仲淹：自古以来都是小人结为朋党，有君子之党么?

有啊！君子结党为国家做好事，这难道不好吗?

话虽然这么说，可仁宗心里难免还是犯嘀咕。欧阳修见此状况果断写了一篇《朋党论》，献给了皇上，希望能够解除仁宗心中的困惑。

欧阳修位列“唐宋八大家”，文笔自然是没的说。这篇《朋党论》又是有感而发，文章如行云流水，说理令人如醍醐灌顶，比起保守派的那些文章，这篇高到简直不知哪里去了！不过在政治上，《朋党论》却犯了两个大错误：

一个是在文章里公然承认结党。要知道，皇帝忌讳朋党，难道会因为你是君子不是小人而有所区分么？皇帝忌讳的是结党后不受自己控制的势力啊！既然小人们结党不会主动承认，那就只好拿你们这些公开结党的君子开刀了。

另一个则是一个很低级的错误。《朋党论》开门见山指出："大凡君子与君子，以同道为朋；小人与小人，以同利为朋。"范仲淹这些改革派坚持这样一个原则：不跟我一起干的君子，就是小人；是小人，就要坚决彻底地清洗出去！这下子不仅将许多可以争取的人排挤了出去，更重要的是将改革变成了站队。而仁宗即使最初相信范仲淹他们是一心为国的，但面对权柄日重的改革派，心中也难免有一些异样的想法。

但改革派们还没有意识到自己已经犯了皇帝的禁忌，范仲淹等人甚至上书要求进一步扩大相权，让他们能够进一步摆脱束缚、大展拳脚。而随着边境上战事的逐渐停息，朝廷的财政情况已经得到了部分缓解，改革的迫切程度较初期大大降低了。

在这种情况下，保守派们施展出了终极的卑鄙招数，那就是栽赃。

大家还记得夏竦么？就是曾经被李元昊的军师张元讥讽为"夏竦何曾耸"的那位。庆历三年随着西北战事的缓和，仁宗曾经想召他还京，让他担任枢密使。结果这个消息让御史台的人知道了，御史中丞王拱辰领着欧阳修这些谏官们一起到仁宗面前痛陈利弊：皇上您怎么能用这种人做枢密使呢？他在西北每天无所事事啥都不干，还往军营里带女人，李元昊说他的脑袋就值两贯钱，你用他做枢密使咱们大宋还能不能好了？

大家群情激愤，甚至拽着仁宗的袍子死活逼着他收回成命。仁宗最后没办法，只得让日夜兼程赶回京城的夏竦哪里来的再回哪里去。这下夏竦彻底被惹毛了，决定跟改革派斗争到底。

平心而论，夏竦治军颇严，在文学上也很有建树，是个能吏。在西北时他和范仲淹、韩琦等人的关系也还不错，然而他的功利心很重，改革派的举动无疑直接将他推向了对立面。

而谏官们则将此视为“君子”与“小人”间斗争的伟大胜利。在他们看来，夏竦入京被拒是一个明确的信号，标志着从此朝中群贤毕至，小人们再也没有容身之地，因此连喝酒的时候都拿这事叫号以示狂欢。国子监直讲石介——他是范仲淹的学生——做了一首《庆历圣德诗》，在诗里隐晦指出夏竦是“大奸”“邪孽”，这次的事件则是“大奸之去”。此时御史台的谏官们还坚定地站在改革派一边，夏竦下台后他们又紧锣密鼓地上书罢免了参知政事王举正，将范仲淹顶了上去。这也是为什么日后欧阳修向御史台开炮遭到全力反击的主要原因：我们当初不遗余力地把范仲淹顶了上去，结果你们上位之后就向我们开刀？你们有没有人性啊！

夏竦则紧锣密鼓地筹划了一场阴谋。他先是想方设法搞到了石介给富弼写的一封信，然后让自己家中女奴模仿石介笔体，将信重写一遍。石介的信里本是对未大展拳脚的展望，有一句“行伊、周之事”，结果夏竦给改成了“行伊、霍之事”。这下意思就全都变了，行伊、周之事，指的是像伊尹、周公一样辅佐天子，可问题是伊尹不仅辅佐过天子，他还囚禁过不听话的天子啊！因此改成“行伊、霍之事”后意思就变成了像伊尹和霍光一样废立皇帝……

被修改过的信件很快送到了仁宗手里，范仲淹和富弼则是欲哭无泪。本来仁宗就在怀疑他们结党营私，是不是有什么不轨企图，结果还来了这么一封信。压力之下范仲淹和富弼主动要求到外地视察以避嫌。仁宗则十分痛快地答应了下来。

接下来就是一场大清洗了。庆历四年夏天，范仲淹和富弼陆续出京，九月改革派在朝中的势力几乎被清洗一空。尤其值得一提的是宋代党争文字狱第一案：御史台指控进奏院的王益柔在秋赛宴会上吟了一句“醉卧北极遣帝扶，周公孔子驱为奴”，是诽谤周公孔子，大不敬！而参加宴会的正好大多是范仲淹引荐的年轻人，王益柔也不例外。仁宗一看这还了得，命太监直接将这些人连夜逮捕下狱，然后开除的开除、贬官的贬官。

经过这么一番折腾，仁宗对范仲淹等人的好感算是彻底清零了。庆历四年十一月，范仲淹主动要求调离原工作岗位，仁宗很快就批准了他的请求。到了庆历五年三月，范仲淹、韩琦、富弼等改革派全部被赶出领导核心，相关改革政策也基本上全部废除。

我们之前提过，随着西北战事的平息，宋朝内忧外患的状态得到了缓解，因此仁宗对改革的需求也就变得不那么迫切了。冗官冗员冗费这些问题又一次被宋朝快速增长的人口带来的红利所掩盖，大宋朝又开始了繁花似锦、烈火烹油的美好时光，而仁宗则终于可以消消停停地做点自己爱做的事情了。

庆历新政的失败对范仲淹等人的打击是巨大的，他们中的大部分人一心为国，却落得如此下场。然而国家不幸诗家幸，被贬后的改革派寄情于山水间，写出了无数传诵千古的好文章。被贬滁州的欧阳修写出了《醉翁亭记》，以一句“醉翁之意不在酒”被传颂千年。范仲淹则写出了《岳阳楼记》，被人奉为“本朝百年人物第一”。只是范仲淹此次被贬后再也没能够重回朝廷，七年后客死他乡。不知道他处江湖之远的时候，是否还在想替仁宗分忧呢？

应该是吧，毕竟“先天下之忧而忧，后天下之乐而乐”。

仁宗：一点微小的工作

范仲淹这些改革派被驱逐后，朝堂上又恢复了平静。仁宗在剩下的近二十年统治生涯中，主要做了三件事：

一是兢兢业业修黄河；二是平定了王则和侬智高之乱；三是无为而治，造就了一大批名臣。如果说还有一项成绩，那就是促进了文化的极大发展。

先说修黄河这事。治理黄河在宋朝那是个持续性工作，年年抓，常抓不懈。通常这么抓的工程都有一个特点，那就是怎么都抓不好。黄河的河水里夹杂了太多泥沙，流着流着河道就淤塞了，淤塞到一定程度就会改道，改一次道就把方圆几千里淹个生活不能自理。

仁宗以前对黄河的处理方针是消极治理，能治就治，实在治不了就拖一拖等上两年再治。反正大不了决堤的地方咱们不要了，再找别的地方开荒种田去。结果庆历八年，黄河大决口，直接从澶州的商胡埽冲出来一路狂奔，奔到大名府，然后北上出海了（出海口在今天津附近）。

这次改道是黄河历史上八次大改道之一，一下子把仁宗君臣都吓毛了。

为什么？因为黄河除了是一条重要的河流外，它还是防御辽国骑兵最重要的一条天然防线啊！现在一下子改道改到现在的天津，那离辽国的南京（现在的北京）有多远？这怎么防御啊！

而且这么一改道，宋朝辛辛苦苦修了好多年的塘泊工事也被冲垮了，加上河北地区大面积受灾，这要动摇国本啊！

所以仁宗马上派人，一方面赈灾征兵，一方面找人做工程论证，看看有没有办法把改道的黄河再改回来。

赈灾征兵这事，比较好理解，宋朝禁军里有相当大一部分是从灾民里招募来的。每当什么地方有天灾人祸发生的时候，朝廷就会在灾民里挑年轻力壮的招到禁军里。这样剩下那些老弱病残们即使活不下去想造反，也没什么战斗力了。这也是为什么禁军规模越来越大，战斗力却越来越弱的主要原因之一。庆历八年的时候，宋朝总人口为一千零七十多万户，差不多相当于五六千万人，而军队总数为一百二十五万九千人。

而工程论证却不太顺利。黄河改道，本身就是因为旧的河道已经淤塞，不得不顺着地势向北蜿蜒而去。你想强行把黄河再给改回来，这得多大的工作量？以宋朝的生产力水平，根本就不现实啊！

然而仁宗君臣从庆历八年商量这事一直商量到至和二年，最后依然决定要改，还提出了两个方案：

一个方案叫回河东流，就是说咱们把决堤的口子堵上，把原来的京东河道清一清，让黄河回来；另一个叫六塔分水，是在回河东流基础上提出来的，意思是让黄河直接回流难度比较大，但是在附近有条小河叫六塔河，咱们可以把黄河水导入六塔河分流，这样黄河回流的压力就小了很多。

这两个工程有一个共同的特点，就是贵！以回河东流方案来说，这个方案至少需要动用宋朝六路一百余军州、三十万民夫——规模直追雍熙北伐。最关键的是投入这么多人力物力还不一定能保证把活儿干好，因此有人提出了一个新的方案：咱们能不能不折腾，就静静地看着黄河北流？

说这话的人是欧阳修，他被贬出京后没几年又被重新召回了京城。他觉得，你们这些非要把改道的黄河再改回来的人是不是有病？庆历八年决的堤，现在都已经是至和二年了，黄河故道早就都堵死了，你们还回什么河啊！再说这两年天下大旱，真搞大工程人力物力跟得上么？对了，是不是还有人提出要引黄河水入六塔河？六塔河是条宽不到五十步的小河，你引黄河水过去六塔河根本就受不了，不是上游决堤就是下游发大水。六塔河下游滨、棣、德、博、齐五个州向来富庶，是河北路主要财政来源，你们是准备把整个河北路都整垮么？

所以欧阳修最后提出的观点就是干脆咱们也别折腾了，黄河想去哪里就去哪里吧，咱们搞好下游的水利建设，顺着加固河堤就完了。

欧阳修的方案毫无意外地被朝廷大佬们丢进了垃圾桶：照你说的咱们不管它，塘泊工事怎么办？辽国打过来怎么办？最重要的是，我们的成绩呢？因此在宰相富弼和文彦博的支持下，六塔分流方案最终还是上马了。

嘉祐元年（1056年），宋朝史上最大的技术灾难发生了。当年四月，数十万民夫集体上阵，开始堵塞商胡决口，同时迫使黄河改道分流进入六塔河。结果工程竣工当天就出了事——又决堤了！

因为修堤大军此时还都在大堤上，这次决堤造成的损失之大已经超出了人们的想象，无数民夫物资被冲跑，死者不计其数。之后的日子里又一直阴雨不断，整个河北路几乎变成一片泽国，更给救灾工作增添了许多困难。这次谁也不敢再提回河东流的事了，天要下雨黄河要北流，想流你就流吧……

这次的事情给了大宋朝一个沉重的打击，极大地消耗了宋朝的国力。然而最糟糕的地方在于，关于让黄河顺其自然还是回河东流的争论未来还会继续爆发，并且成为北宋党争的一个重要切入点。而类似的技术灾难则伴随着荒谬的决策一再发生，使得黄河一次又一次地在北方大地上横行肆虐。

说完了黄河，再来说说仁宗年间的几场叛乱。

这是个很有意思的事儿，一方面仁宗被认为是历史上风评最好的皇帝之一，另一方面是他统治时期接二连三地爆发叛乱。仁宗皇帝在位42年，史书有记载的叛乱就有 60 起，几乎是年年有叛乱、岁岁有反贼。其中一个显著的特点就是官兵叛乱的规模通常要大于灾民叛乱。

我们知道宋朝征兵制度中很重要一点是从灾民中吸收青壮男子。这样一来剩下的老弱病残即使想造反也没什么战斗力了。然而当了兵却不一定是什么好事，经过太宗皇帝到仁宗皇帝的不懈努力，大宋朝重文轻武的风气已经形成，官兵地位极其低下。一些地方长官是随意侮辱打骂士兵，搞得这些士兵动不动就要起义。和五代时不同之处在于五代时期兵变主要是由高级军官策划，宋朝的兵变则基本是由底层士兵和低级军官发起的。仁宗时期规模较大的兵变有庆历三年的王伦起义、光化军邵兴起义，庆历七年的王则起义，等等。

仁宗君臣是比较害怕兵变的，因为这东西和灾民造反不一样。举个例子，河北路的灾民造反了，然而陕西路就对此表示不能理解。为什么？因为陕西路没遭灾，大家活得好好的，根本不想造反。但是兵变这事就不一样了，你听说河北路有人因为上司克扣军饷还总打骂手下，导致手下造反了，你想的很可能就是，哎呀，我的上司也差不多，要不我也反了得了，到时候大家一起搞个大事儿……

最关键的是，这些造反的士兵一般都是有组织的，有的还会假借宗教来武装自己。比如说庆历七年的贝州王则起义，就是假借弥勒佛教义搞起来的。不过这些叛乱虽然频频发生，但对宋朝来说还算应付得过来。不过皇祐四年（1052 年）的侬智高之乱，则有点让仁宗疲于应对了。

侬智高是壮族人，他父辈在广西广源州（今广西南宁西南）一带颇有势力，也曾得到过宋朝的封赏。但是宋朝对他们的地盘并不是很感兴趣，也就始终没有实际上的管辖。

可问题是宋朝不感兴趣有人感兴趣啊，比如说旁边的交趾（也就是越南）就对他们很感兴趣。为什么呢？因为侬智高的地盘上产黄金。

侬智高的父亲就死在越南人手里，因此他跟越南人之间可谓苦大仇深。

但是他肯定不是越南人的对手，几次交手下来被越南人打进了深山老林，只得苟且偷生。

宋朝对这事完全不感兴趣——你们慢慢打，别溅我一身血就行。因此除了在边境上加强一下防御措施，顺便派邕州（广西南宁）指挥使亓赟打探一下那边的消息外，就没什么别的动作了。

哪知道这个亓赟却不是个省油的灯，他觉得对面一群部民，我还打探什么啊！我直接把侬智高什么的都抓过来邀功就完了。然而亓赟错误地估计了侬智高的战斗力，过去就被俘虏了。

这就很尴尬了，亓赟为了活命只好骗侬智高说其实我不是来打你的，我是来替朝廷招安你的，至于为什么咱们会打起来那都是底下人误会。侬智高当时正处于山穷水尽的状态，见状大喜说好啊，那我赶紧派人跟你去邕州求归顺好了。于是亓赟就这样带着侬智高的人回到了邕州。

朝廷知道这事后觉得亓赟你是不是有病？让你去刺探情报你擅自开战，开战打输了还编瞎话招安侬智高，这是你能做得了主的么？再说招安了侬智高以后，交趾找借口和咱们打起来怎么办？这样，驳回侬智高的请求，把亓赟给我贬了！

然而侬智高并没因此而气馁，他接二连三上表要求归附，先是要求做个刺史，刺史不行给个团练使也行，团练使不行你给我套官服，名义上认我做个宋官行不行？

不行！就是不行！

不行是吧？好，不行我就造反！

于是侬智高一把火烧了自己的寨子，带着人马打了进来。邕州知州担心朝廷知道这事后影响自己的前途，没跟上头汇报，导致侬智高长驱直入一路打到邕州城下。一场恶战之后，邕州城破了。

打下邕州城的侬智高建国“大南”，大赦天下，然后挥军东下。由于奇葩的邕州知州完全没跟上面汇报这事，大家谁也没有防备，侬智高的大军简直是势如破竹，只用了一个多月就打到了广州城下，朝野震动。朝廷先后派人平叛，却损兵折将，一无所获。

局势已经失控，现在只有一个人能够挽救这一切了。

这个人叫狄青，血与火曾锻炼他的身体，山与海将见证他的荣光。

狄青是山西汾州（今天的汾阳市）人，生于大中祥符元年。少年时好骑射，家境贫寒，后来走投无路的狄青参了军。对狄青而言，他除了能力以外的资本基本为零，如果不是正好遇上宋夏战争，他很可能就这样默默无闻地度过他的一生。

然而突如其来的战争给了他大展拳脚的机会。他在宋军普遍被西夏军压制的时候，竟然能把西夏军打得满地找牙，加上当时主持西北战事的范仲淹不拘一格选拔人才，因此狄青很快得到了提拔。狄青喜欢在上阵时披头散发，戴一个青铜面具，用以震慑敌人。西夏人在狄青手下屡战屡败，惊呼其有如天神下凡，不可战胜，送了他一个诨号叫“狄天使”。

在北宋中后期乏善可陈的武将中，狄青绝对可以称得上是其中的佼佼者。这次侬智高之乱，狄青已经是枢密副使。当发现叛乱愈演愈烈，局面已经失控之后，狄青主动请缨要求南下平叛。仁宗十分感动，很快批准了狄青的申请，并派了个太监给他做监军。

大家觉得仁宗简直是在乱搞，好不容易有个能打的你派个太监去掣肘，难道唐朝太监乱政的事情还没给你足够的教训么？仁宗觉得有道理，那就把太监撤了让狄青去吧。结果又蹦出来一群人表示，皇上啊，那狄青可是个武将啊！让武将到前线独断专行，万一有点什么不轨……

仁宗火了，这也不行那也不行，你们有完没完！宰相，你说说这事到底该怎么办？

当时的宰相是庞籍，就是后来在各种演义里被演绎成庞太师的那位。庞籍也曾在西北驻守多年，狄青曾在他的麾下扛过枪，两人之间的关系十分密切。因此庞籍果断为自己当年的小兄弟出了头：皇上，用人不疑，疑人不用啊！

好！

狄青到了广西之后深刻认识到，这里的战备水平跟西北比起来实在是太糟糕了！别的不说，上下武将连令行禁止都做不到。还有人趁着狄青没到，私自出兵跟侬智高大战抢功，结果功劳没抢到，倒被打了个落花流水。狄青觉得自己必须整顿军纪，就拿这些搞事情的人开刀好了！

于是狄青一到任，就把自己没来的时候擅自与侬智高交手导致大败的三十几个责任人全都给砍了，一下子就把所有人都镇住了，马上立了威。

出人意料的是，狄青立威之后并没有马上乘机进军，相反他宣布就地休息十天，募集军粮。侬智高觉得这下自己有点看不懂了：难道说这位狄天使也不过是个银样镴枪头？不过不管怎么说，宋军按兵不动总是个好消息。

这时候的侬智高几经辗转又回到了邕州城内，正做着攻打广州的准备。因为前期跟宋军交手实在是过于顺利，侬智高始终都没把防守的事放在心上，在得知狄青休兵十天的消息后就愈发懈怠了。结果还没等十天过完，一天早上起来侬智高忽然接到报告，说大王不好了，狄青来了！

来了？谁来了？

狄青来了！

他带了多少人？

带了好几万人！

他怎么来的？

侬智高觉得自己完全混乱了，不是说好了休兵十天么？这突然神兵天降是怎么个意思？原来狄青表面上说自己休兵十天，实则暗度陈仓，日夜兼程地赶往天险昆仑关。到了昆仑关外，狄青唯恐军中有人走漏消息，撇下大队人马跟着前锋连夜兵出昆仑关。连他军中的将领都是在天亮之后才得知主将已经夜渡昆仑关，侬智高根本不可能料到这事！

于是狄青指挥人马对混乱之中的侬智高军发起了猛攻，被狄青撇在身后的宋军则不断赶到战场投入战斗。一场大战下来，最终侬智高兵败如山倒，祸乱西南数年的侬智高之乱终于被狄青给搞定了。

消息传到京城，仁宗喜出望外——这必须要赏啊！重赏！将狄青提拔为枢密使！庞籍，多亏你当初说的“用人不疑、疑人不用”，狄青才得以施展拳脚平定叛乱，你也有功！

然而庞籍对此表示了质疑：咱们大宋祖宗家法就是文贵武贱，皇上你因为狄青有功就封他为枢密使，是不是有点过了？要知道咱们大宋用文官做枢密使都多少年的规矩了，还不就是害怕武将做了枢密使后控制不住动摇国本么！你封完了狄青，他骄纵起来心怀不轨怎么办？朝廷上下的文官纷纷附议，都觉得皇上要不咱们还是想个别的办法吧。

仁宗心里有点不痛快，这么大功劳你不赏，他现在手握重兵说一不二，心怀不满出了问题怎么办？你们谁来负责？不行，必须得赏！

结果这一赏，出事了。

北宋的时候文贵武贱，本来当兵的就不受待见，结果狄青从底层一步步做到枢密使，一下子成了天下所有平民士卒的偶像，每次出门都被人前呼后拥。仁宗一朝担任过枢密使的一共有 29 个人，其中狄青是唯一一个行伍起家的武将。文官们将其视为眼中钉肉中刺，没事就打一打狄青的小报告。什么狄青家的狗头上长角了，这可不得了，是异兆啊！愿朝廷早做打算；什么据可靠小道消息，狄青心怀不轨，说不定什么时候就要造反，咱们未雨绸缪赶紧罢了他的官吧。一来二去，狄青终于扛不住了。

给予狄青强力一击的，不是别人，正是欧阳修。

欧阳修从嘉祐元年开始不断攻击狄青，甚至是以莫须有的名义要求狄青下台。恰逢天降大雨，开封城里洪水为患，欧阳修果断出面以阴阳五行学说对狄青进行了攻击——皇上，水属阴，兵也属阴，那武将呢？必须也属阴啊！这天天下大雨是怎么个意思不就清楚了么，这是天谴啊！提醒您得赶紧罢免狄青啊！

这种自欺欺人的说法放在今天估计是没什么人会信的，但是当时却引得大家纷纷议论。实际上欧阳修未必是真的对狄青有什么恶意，但是当时情况特殊——仁宗身体到了崩溃的边缘，大家开始商量立嗣的问题。这个敏感时期狄青作为文臣们的眼中钉肉中刺，是绝对不能留在枢密使这个位置上的，必须把他搞下去！

仁宗此时还有点过意不去，觉得狄青是个忠臣，这么干是不是不太好？当时的宰相文彦博呵呵一笑，说皇上看你说的，咱家太祖也是周世宗的忠臣。

仁宗表示，那我不管了，贬吧！

于是狄青就这样被赶出了京城，没两年就郁郁而死，死时年仅五十岁。

然而此时大家已经无暇顾及这位猛将兄的死活了，朝廷里所有人的注意力都被另外一件事给吸引过去了。

那就是仁宗皇帝的立嗣问题。

其实仁宗皇帝此时还不到50岁，以今天的眼光来看，正是一个领导者的黄金年龄，根本用不着考虑立嗣的问题。然而问题在于嘉祐元年（1056年）年春季的时候，这位皇帝在文武百官面前嘎的一声吐着沫子就晕了过去。而后病情一再恶化，很快就不得不暂停临朝视事，卧床休息了。

大家都觉得大事不妙——老赵家可向来不以长寿出名：太祖皇帝50岁就没了；太宗皇帝好一点，59岁没的；仁宗的爸爸真宗皇帝56岁没了。关键是赵氏皇族一直以来都有心脑血管的家族遗传病史，真宗当年就曾多次“不豫”，现在仁宗这个样子，会不会是要出事啊？

于是宰相文彦博果断找仁宗商量立嗣的事去了。

仁宗此时的心情十分复杂。原因很简单，仁宗虽然有点好色，但运气却不算太好——他一辈子耕耘不辍，留下了十几个儿女，皇子却只有三位，竟然还都早夭了！所以眼下的仁宗并没有皇子可以继承大统。既然没有儿子，那肯定就要从旁系里过继一个来做太子。于是仁宗怀着复杂的心情答应了文彦博的要求，但正当大家合计这事的时候，仁宗的身体竟然慢慢好转了。这下仁宗不干了，扶朕起来！朕还能生！这嗣不立了！

大家心里其实都很清楚，从真宗当年的情况来看，这种病情通常会多次反复，说不定什么时候就真的一命呜呼了，因此赶紧立嗣才是正事。于是大家纷纷上疏劝仁宗：哎呀，您看这个，是不是您再考虑一下啊？

仁宗表示，我不听我不听，我还能生，反正就是不立嗣。

于是大家就这个问题展开了旷日持久的拉锯战，仁宗表现出了罕见的顽固一面，同大臣们死磕到底。欧阳修、包拯、文彦博、富弼这些人纷纷败下阵来。同时仁宗在后宫耕耘不辍，一心期望自己能再来个儿子，结束这场争论。不过儿子这东西显然不是说生就生的，仁宗年岁越来越大，身体越来越虚，眼瞅着生儿子的希望越来越渺茫，大家的心情也越来越焦躁——这皇上死活不立嗣，万一真出点状况，咱们大宋可怎么办？

嘉祐五年，在新一届领导班子中出任宰相的韩琦毅然而然地在大家期盼的眼神中扛起了劝说仁宗立嗣的重任。

韩琦自庆历年间因为水洛城事件离开京城以后，在地方上干了十一年，政绩颇为耀眼。嘉祐元年，韩琦被召回京城，出任宰执。这段时间的大宋风平浪静，只有仁宗立嗣的问题是摆在他面前的当务之急。

韩琦明白，这件事情要是做好了，自己就是两朝顾命、定策大计的元老重臣了。不过他也清醒认识到单靠自己一个人想搞定这事是不可能的。包拯牛不牛？当年因为张贵妃想给自己哥哥要个官，这哥们儿敢拽着仁宗袖子喷皇上一脸吐沫星子，结果去劝仁宗立嗣的时候硬是被仁宗给怼了回来。70 多岁的老头指天画地发誓自己进谏没有私心。所以韩琦决定，自己要找个有力的外援。

韩琦找的这个外援，叫司马光。

没错，就是砸缸的那个司马光。

韩琦起用司马光的目的十分明确，一来司马光是并州通判，是大宋监察体系内的老人，让他到京城来，能充分调动台谏系统的力量；二来司马光在之前的立嗣风波里接连上疏，已经充分表现出了自己的立场；三来司马光的性格十分顽强，认定了的事就会一干到底。找这么个人来破局，正合适。

事实证明，韩琦并没有看错人。

嘉祐六年，司马光知谏院。然后司马光就带着整个台谏系统开始了一波又一波的劝谏。韩琦则与宰执班子一起送上助攻：皇上，您看看您看看，大家可都关心立嗣这事，是不是就别再拖了啊？

由于努力了五六年也没能再努力出一个儿子来（姑娘倒是努力出了一个），仁宗此时在这些大臣面前未免有点气短，像什么给朕两年朕还能生的理由也确实不能再用了。而大家发现仁宗的态度有所松动后，又果断加强了攻势，韩琦亲自上阵，对仁宗皇帝连捧带劝：汉成帝您知道不？那是个很一般的皇帝啊，就那种水平的皇帝在位二十五年无子之后还能立自己弟弟的儿子为储君呢，您这么英明神武，肯定早就想明白了这事啊！

好吧，仁宗无可奈何地认了命。然而一个新的问题摆在了大家面前：既然皇上没儿子，那么应该从哪里过继一个儿子来继承大统呢？

这好办，仁宗表示自己早年的时候，曾经把自己兄弟的两个儿子接到宫里培养过一阵子——只不过后来自己生了儿子，把他们又送出宫了——其中有个叫赵宗实的，是濮王赵允让的儿子，小伙子很不错。

妥当！大家一看，发现濮王前段时间刚死，这下过继起来更方便了。于是嘉祐六年十月，以赵宗实知宗正寺，负责宗室事务。

这下局势就明朗起来了，大家都知道下一步就是册封皇太子了。然而赵宗实却对这事委婉地表达了不同意见：自己一个岳州团练使，怎么就要去开封做下一任皇帝了呢？要不还是另请高明吧。于是接二连三地向朝廷表示自己不想干这个宗正，要求仁宗撤回旨意。

仁宗一看，这算什么啊，皇帝诶！九五至尊诶！多少人抢着要，你竟然不稀罕？那……要不这事先算了？

其实赵宗实的担心是情有可原的。他小时候被接到宫里抚养，结果后来仁宗有了儿子，自己马上就被送出宫。这次仁宗虽然在大臣们的压力下重提立嗣的事情，但谁能保证后宫这几年就一定不会再生个儿子出来？到时候自己怎么办？况且宗室里盯着这个位置的人多了去了，自己能坐得稳这个位置么？

可问题是，仁宗跟赵宗实都有往后退一步的心思，但大臣们却死活不干啊——我们费了天大的劲才让皇帝下了立嗣的决心，你说不干就不干？不行，大家已经研究决定了，必须立嗣！韩琦直接找到仁宗：皇上，咱们也别犹豫了，直接下诏，立皇子！

于是嘉祐七年八月，仁宗正式下诏，钦点赵宗实为大宋皇子，赐名赵曙。

【第四章】

改革才是硬道理

从熙丰新法到绍圣绍述

濮议：如何优雅地称呼自己的亲生父亲？

事实证明，这个皇子册封得太及时了，因为嘉祐八年三月仁宗皇帝就驾崩了，距离册封皇子只有半年左右的时间。而赵曙听到宫中宣布自己继位的消息时还在推脱，大叫“某不敢为”，转身就跑。来接他的大臣们一看，这让你跑了还得了！赶紧上去抱腿的抱腿，扒衣服的扒衣服，逼着赵曙穿上了龙袍准备继位，是为宋英宗。

英宗始终担心自己坐不稳皇帝的位子，而他登基时发生的事情证实了他的担心。宗室里确实有人不满，北海郡王赵允弼甚至大叫着你也配当天子，试图闯到殿阶之上。幸亏韩琦果断把赵允弼控制住，才使场面没有失控。

然而英宗本来就性情懦弱，这么一吓之后更是雪上加霜。巨大的压力使得他患上了严重的精神疾病，整天胡言乱语，大叫有人要害自己。这种状态显然不适合上朝理政，于是不得已之下大宋只好又一次开启了太后摄政模式。宋仁宗的皇后曹氏，开始垂帘听政，英宗则在后宫专心养病。

于是许多人意识到这是一个机会啊！新皇胡言乱语不能视政，那还留着干吗？换一个啊！反正也不是先帝的亲生儿子，换一个正常人到这个位置上不好吗？曹太后开始对这种说法还是不屑一顾的，然而架不住总有人在自己身边煽风点火。一来二去，曹太后开始有点动摇了，于是她开始借着各种机会隐晦地向韩琦等人透露出对英宗的不满：先帝走得急，结果新天子是这么个病秧子。你们看这孩子整天胡说八道的，给哀家我的压力也很大啊。说到动情处，曹太后失声痛哭，那场面真是听者落泪、闻者伤心。

韩琦这些人沉浮宦海这么多年，还能不明白太后这话什么意思？无非就是试探你们这些大臣一下，要是你们也应声附和，那下一步肯定就是商议废立之事了。这个头可绝对不能开！韩琦和欧阳修等人对太后动之以情晓之以理：您看皇上这不是有病了么？那孩子以前什么样？宽厚纯孝啊！您这个当妈的可不能因为孩子有病了就嫌弃孩子啊！再说了，英宗继位那是先帝的旨意，先帝仁宗那是什么人？那是驾崩以后辽国人都痛哭流涕给他立祠、德泽天下的一代明君啊！您说就凭您一个妇人，我们几个都是手无缚鸡之力的文臣，就想推翻先帝的旨意，天下人能服吗？

大家连哄带劝带吓唬，总算是暂时把曹皇后这边稳住了。然而这终究是治标不治本。英宗要是继续胡说八道的话，早晚曹太后还得打废立的主意。于是韩琦等人又对英宗进行了连篇累牍的孝道教育，对英宗提出的“太后对我无恩”进行了批判。英宗表示，过去自己因为生病，有一些错误的、荒谬的言论，客观上破坏了自己与太后的关系，自己一定改过，绝不让类似错误重演！

于是皇帝和太后间的关系开始逐渐好转，与此同时，英宗的病情也在逐渐缓解。治平元年五月，在韩琦的强烈要求下，曹太后撤帘归政，英宗终于开始亲政了。

其实这次亲政的过程也并不简单，曹太后其实更希望让英宗再养养身体，等上两三年再说。然而韩琦却不敢冒这个险，仁宗年幼的时候刘太后垂帘听政，到了后期甚至穿着天子衮服拜谒太庙。这事让大宋的文臣们心有余悸。因此英宗病体刚愈，韩琦就急匆匆逼着曹太后还政撤帘——皇上病体痊愈了，您还不还政，是不是有什么想法啊？我跟您讲台谏那边可都上疏说过这事了啊！曹太后一看，得了，这话没法接着往下说了，还政吧。

从嘉祐八年（1063 年）三月，到治平元年（1064 年）五月，历经十三个月的钩心斗角、暗潮汹涌，英宗赵曙终于掌握住了大宋朝的最高权力。至此，大宋的历史翻开了新的一页。

英宗亲政之后先是狠狠收拾了自己有病的时候在太后身边进谗言的内侍，又把几个对自己继位有异议的大臣贬斥出京，然后就开始着手解决一个尖锐的问题：

如何优雅地称呼自己的亲生父亲？

英宗是北宋首位以过继皇子身份继承大统的皇帝，因此英宗的生父濮王的名分问题就成了一件大事。英宗的意思自然是尊自己的亲生父亲为皇考——这里咱们多说一句，这个皇考的说法是从《礼记》中来的，是对死去父亲的尊称，并不限于皇家——也就是“我爹是我爹”。

但麻烦之处在于仁宗刚死，这时候就讨论这个问题对仁宗多少有点不尊重。再说英宗自己提出这个问题也不太合适，所以以韩琦为首的宰执重臣们果断为皇上分忧，指出皇上也亲政了，咱们是不是应该商量一下皇上生父的名分问题？给他个，嗯，特别尊贵的名号？

英宗说，哎呀，现在正值仁宗皇帝大祥祭祀期间。这样吧，等我给仁宗爸爸服丧期满后咱们再好好讨论讨论这事。他满以为自己对仁宗如此尊重，等日后再提出亲生父亲名分问题时，满朝大臣肯定会一股脑儿地支持自己。

治平二年四月，英宗将欧阳修起草的《中书请议濮安懿王典礼》——你可以理解为“关于皇帝生父名分的意见征求稿”——发给两制官讨论。英宗跟宰执大臣都觉得，这必须是水到渠成，群臣踊跃上疏要求尊濮王为皇考啊！

结果很不幸，大家谁也不敢上疏。

为什么呢？因为于礼不合啊！英宗可是过继给了仁宗皇帝，原则上说，濮王跟英宗就是不同宗了。可问题是，这话谁也不敢跟皇上说——说了以后就不用混了。

然而宋朝最不缺的就是不怕死的！台谏系统指出，经过耐心细致研究，建议追封濮王怎么官大怎么荣耀怎么来。

韩琦这些人愤怒了——你们有病是吧？现在让你们讨论名分问题！名分！皇上应该怎么称呼濮王！懂不懂？回去重写！

好！重写！重写的结果是，根据仁宗是濮王的弟弟、英宗是仁宗的儿子这种关系，得出应该称呼濮王为“皇伯”。

宰执们简直要出离愤怒了——你们是不是成心啊？行了，我们亲自出马吧！于是欧阳修亲自上阵，指出按照礼制与汉朝先例，应该尊濮王为“皇考”。而且，我们从来就没听说有什么“皇伯”的说法！

哎，这您可不对了啊！台谏系统表示，当年后晋就搞过这个“皇伯”的称谓。这前后才多少年，您可不能说是没有先例。

宰执们都快气炸了：后晋那是个伪朝！不算！咱们大宋是个正经国家，那能一样么！

这里咱们说句题外话，皇考是《礼记》里对去世的生父的尊称。“皇”在这里是“美好”之意。因此台谏官们搞出来的所谓“皇伯”是基于这个意思引申出来的——既然死去的父亲是皇考，那么死去的伯父自然就是皇伯了。而欧阳修等人抓住这个生造出来的“皇伯”大做文章，认为这玩意儿根本没有依据，简直就是瞎扯。一时间两派针锋相对，谁也不肯善罢甘休。

英宗此时的心情只能用糟糕透顶来形容，原本以为这事是件水到渠成的事，谁承想搞成这个样子。而台谏官们的强力反对也让他隐隐感到这朝廷上还有股力量是不受他控制的，因此他坚定地站到了宰执们一边。宰执们自仁宗立嗣以来就一直是英宗的有力支持者，自然不会在这种问题上站错队。

正常来讲，皇上与宰执们都持同样的意见时，这事就应该算是大局已定了。只不过，这次站在他们对面的是整个大宋三百年里最固执的人之一：司马光，和以他为代表的整个台谏系统。

司马光的观点，可以用他日后《资治通鉴》里开篇的一句话来概括："臣光曰：臣闻天子之职，莫大于礼，礼莫大于分，分莫大于名。"在司马光等人看来，如果濮王被尊为皇考，那就是对整个大宋既有礼学体制的一次颠覆，是对大宋纲常伦理的一次颠覆，因此必须寸步不让，跟宰执们战斗到底！

不仅如此，司马光他们的身后也站着一位大神，那就是曹太后。

曹太后虽然已经还政于英宗，但在这种问题上依然有着极大的发言权。作为仁宗的皇后，她自然不愿意看到濮王被尊为皇考。因此她果断出手，手诏怒斥韩琦等人的"恶劣行径"，指出要尊濮王为皇考的做法是完全错误、荒谬的！

英宗心里明白，这根本就是冲着自己来的么。不过也无所谓，反正我是皇上，以后的日子长着呢！咱先把这事放下，以后随着我权柄日重，朝廷里的反对意见只会越来越小，还怕不能尊我生父为皇考么？

然而战争在你想开始的时候开始，却不会在你想结束的时候结束。英宗虽然决定先放下这事，可台谏官们却想趁势追击、扩大战果。他们表示，皇上这事不提可不行啊！咱们可得早点把这事定下来，您就从了我们吧……同时台谏官还将矛头对准欧阳修，将政见之争升级为人身攻击，要求将欧阳修这个胡说八道的"奸邪小人"彻底法办！

这就把事情搞大了，原本还比较单纯的名分之争彻底升级为权力之争、党派之争，乃至学派之争。

欧阳修是"宋学"的开山鼻祖。什么是宋学呢？宋学是仁宗末年开始逐渐形成的一个新学派。这个学派的特点是广泛吸收佛、道、儒三家思想，打破传统儒家教条，经世济用，推崇改革。可以说是一种"大宋特色的儒学理论"。因此在整个濮议的过程中，欧阳修实际上为宰执一方提供了坚实的理论支撑，搞定欧阳修就能从根本上打击宰执们。

欧阳修自然明白这些人的险恶用心，但他没将这些人的举动放在心上。欧阳修敏锐地看清了事情的本质——濮议现在实际上已经演变成英宗与曹太后之间的角力。如果不说服太后，那么这些台谏官即使被打压下去也迟早会卷土重来。于是，欧阳修主动写了一道札子，向曹太后施压！

曹太后明确感受到了这道札子背后所有宰执施加过来的压力。大家应该还记得，一年前正是在韩琦的压力下，曹太后撤帘还政，英宗才得以亲政。而此时欧阳修又一次明确向太后传达了大宋最高执政层的态度，更不要提宰执们背后还有一位现任的皇帝。因此在反复权衡之后，曹太后终于退让了，同意英宗称生父为皇考，并同意追封其为皇帝。

大势已定！这下英宗和宰执们终于能长出一口气了。这事前后搞了十八个月，整个大宋朝廷都被搅得鸡犬不宁，现在总算是告一段落了。

然而台谏官们不干了：太后忽然答应这事，是不是你们这些小人从中使坏了？

欧阳修等人当然不能认账——反正你们也看不见我写给太后的札子——那是太后圣明，自己想明白了，你们别胡说啊！

啊呸！那你跟我说说，为啥太后手诏上那些引经据典的说法，跟你们之前上的札子里的话一模一样？这里面肯定有事！说实话，这手诏是不是你们伪造的？

韩琦等人已经是心力交瘁了，特别是这些穷追猛打的台谏官里还有不少人是他们世交的子侄辈，乃至自己的学生。比如说连续上疏攻讦韩琦的范纯仁，就是范仲淹的儿子，韩琦向来是以亲子侄一样对待他的。最后，实在没办法的宰执们只好进宫去找英宗：皇上您定吧！

英宗挠挠头：那就……贬了吧……琢磨了一下后，觉得这些人也实在不是什么坏人。于是又加了一句：别太过分啊。

于是治平三年正月，台谏官纷纷被贬斥出京，历时十八个月的濮议终于告一段落。

英宗此时可谓踌躇满志。自己折腾了这么久，终于在朝里确立了点个人权威。接下来按照正常的剧情发展，自己该一展拳脚，在政治上有所建树了。然而还没等英宗有所动作，他的身体又一次出现了问题。

治平三年（1066年）十一月，英宗又一次重病卧床了。大家都觉得有点慌，皇上这次情况不大对劲，万一突然驾崩了，指不定又是一场政治风暴。不要忘了，英宗并非仁宗的亲生儿子，大宋又有着兄终弟及的先例。谁能保证曹太后不会在这个时候生出一起其他念头来？要知道，早在三年前，韩琦就曾提出立储的建议，然而当时却被曹太后骂了个狗血喷头。曹太后说，韩琦，你这人野心是不是有点太大了啊？拥立英宗尝到甜头了，这是准备故伎重演啊！这么早就立储，日后你这两朝立储定策的老臣谁还制得住你？不行！这事回头再议！

于是关键时刻，韩琦又一次站了出来，果断建议立储。幸运的是，在立储人选的问题上，大家并没有什么不同意见——英宗虽然年纪不大，但孩子生得却挺早，16岁就跟高皇后生下了嫡长子赵顼。因此，治平三年十二月，英宗在自己病情不断恶化的情况下，终于同意了韩琦的要求，将赵顼立为皇太子。

治平四年正月，英宗皇帝病逝，此时距其立储仅半个月。赵顼被火速召往大内，准备继位。然而就在此时，被确诊死亡的英宗皇帝的手忽然动了一下！

当时在场的所有人都震惊了——我的天！这是要闹哪样？死而复生么？紧跟着，就是巨大的恐惧感：咱们可刚把赵顼叫来啊！这要是先皇复生，咱们就是大逆不道，都得死啊！

韩琦再次表现出了非同常人的决断力，他果断站出来稳定住了场面：慌什么！先皇要是死而复生了，那就是太上皇，按原计划让赵顼继位！

治平四年正月，赵顼继位，是为宋神宗。

改革才是硬道理：

王安石与他的变法

神宗皇帝登基了。

然而神宗皇帝登基之后觉得自己有点憋屈。

为什么呢？原因很简单，按照惯例，新皇登基这是大事，得大赦天下、赏赐百官。然而三司使告诉神宗，咱们国库里没钱了！

神宗觉得匪夷所思：咱们大宋富甲天下，每年收入得有一亿多贯吧？你跟我说国库里没钱了，合着我得自己掏钱赏赐百官呗？

皇上您真逗，收入多，可开支更多啊！从仁宗那会儿咱们大宋就有点入不敷出了。还有啊皇上，不光是赏赐百官的钱没有了，给您老爸修山陵的钱也是捉襟见肘。您看您是不是紧着点过日子，把乱七八糟的费用先省省，把大臣们的赏赐先发了？毕竟……毕竟再穷也不能穷大臣们啊。

于是还不到 20 岁的神宗没有体会到做老板的快乐，却先体会到了做老板的痛苦——节衣缩食给员工发工资。

神宗觉得这不行啊！给你们这些大臣按时发饷，我这个做皇帝的却要节衣缩食，这算哪门子道理？你们拿了工资，把国家治理好也就算了，偏偏还搞得一塌糊涂，钱不够用，边衅不断，动不动就有老百姓活不下去要造反！我要你们有何用？

大宋的官员们可能是感受到了自家皇帝的不满，这下还不乐意了：我们虽然治国一般，但我们搞事情很厉害啊！来，我们搞个事情给你看！

于是，神宗登基不久，北宋的朝堂之上就接连爆发了两起巨大的政治风波：一件是“御史讼欧阳修乱伦案”；另一件则是“御史讼两朝定策元老韩琦把持朝政案”。

一桩比一桩扯！

欧阳修在庆历年间就已经卷入过一场“乱伦”风波了。那次事件的结局是他被赶出了京城，跑到滁州去做了个“醉翁”。重返朝中后，欧阳修十分重视个人风评。所以，当自己的妻弟薛良孺因为举荐的官员犯法而被牵连的时候，欧阳修果断要求有关部门从严处理，绝对不要因为他是自己的妻弟就网开一面！

可怜的薛良孺原本以为自己运气好赶上大赦，自己的姐夫又是欧阳修，这脱罪官复原职妥妥的啊！结果处理意见一下来，他惊讶地发现自己竟然被免官了！过后一打听，这还是欧阳修特别指示的结果。

薛良孺觉得自己全部人生都完蛋了！行，你不是不让我好过么？那你也别想痛快了！我要检举！我要揭发！欧阳修这老东西，为老不尊，跟自己儿媳妇有一腿！

之前濮议的时候在欧阳修那儿吃了大亏的御史们激动了！欧阳修的妻弟啊！控告欧阳修跟自己儿媳妇乱伦！还有比这更“靠谱”的指控么？赶紧上疏吧！于是治平四年三月，御史向神宗皇帝上疏。指出，据可靠内部小道消息，欧阳修长期与儿媳通奸，道德败坏，天理难容！皇上您赶紧把他下狱吧！

欧阳修觉得自己都要崩溃了！自己做了这么多年的文坛领袖，一辈子没干过什么亏心事，怎么总被人扣上这种屎盆子！行！你们不是说我乱伦么？皇上，我恳求彻查此事！查到底！查不出个子丑寅卯来就谁也别怂！

御史们当然拿不出真凭实据——本来就是个捕风捉影的事，上哪里拿真凭实据去啊！退一万步讲，就算欧阳修真的跟自己儿媳妇有点什么，难道还会请薛良孺在一旁看着外带搜集证据么？然而御史们也早就给自己找好了借口：皇上，臣等可是御史啊！风闻奏事原本就是臣等的职责，您可不能因为这事责怪臣等啊！

风闻奏事……你们风闻个头啊！朕刚继位，一堆破事都等着朕处理呢！你们就风闻些大臣扒灰的事？这朝廷没大事了？

有啊，那必须有！这样，皇上想要大事，咱们御史也有！四月份，御史中丞亲自上疏，指出韩琦两朝定策，功劳太大，最近有各种把持朝政、专权擅国的迹象，建议皇上您赶紧罢相吧！

神宗觉得自己要疯了。

偌大个帝国交到自己手里就是一副病怏怏的德行，而自己的这些臣子们还在坚持不懈地搞事情。神宗皇帝狠狠处理了这些搞事情的御史的同时，也深刻意识到一个道理：那就是朕的这个朝廷中有一大堆只会搞事情的废物！

既然废物这么多，神宗就更要打好手中的牌，把能用的官员都用起来。他先是好好安抚了欧阳修，接着又去安抚韩琦。出乎神宗皇帝意料的是，韩琦表达了强烈的罢相意愿。不管神宗说什么，韩琦死活就是不干了。

韩琦并非是在闹情绪。他明白，自己的政治生命这回是真真正到头了——两朝定策、位极人臣，自己的存在已经严重破坏了北宋朝廷上的政治平衡。这次的攻击只是一个开始，谁都不可能容忍自己继续在宰执的位置上待下去。皇帝虽然年轻，但总会有觉得自己碍眼的一天。与其等到那天，不如自己急流勇退算了。

于是治平四年，为相十载、赞辅三朝、两朝定策的元老大臣韩琦，决定辞相外放了。

韩琦外放之后依然是个操心的命，神宗让他去西北，做陕西路经略安抚使。然而就在这个当口上，西北出事了。

知青涧城的种谔，把西夏人的绥州城给拿下来了！

种谔是种世衡的儿子。种世衡是当年范仲淹一手带出来的将领，常年驻守西北。种家在西北逐渐成长为北宋后期最为重要的一支边防力量。《水浒传》中鲁智深赞不绝口的“老种经略相公”，就是种谔的侄子，种师道。

西夏自李元昊死后，内斗一直比较严重。李元昊死后，夏毅宗在襁褓之中继了位，于是西夏也进入了喜闻乐见的太后临朝时代。结果，国小礼教崩乱，没藏氏没了老公之后空虚寂寞，搞了一大堆情人。由于对情人管理不善，情夫之间争风吃醋打起来，竟把太后给杀了！太后的兄长没藏讹庞对此表示了极大愤慨，果断消灭了太后的情人。并表示小皇帝您不用怕，舅舅给你撑腰！再将自己的女儿嫁给了夏毅宗，从此把持了朝政。

然而夏毅宗继承了父母的过人天赋，表面上跟自己的舅舅虚与委蛇，实则私通了自己舅舅的儿媳梁氏……继而通过梁氏掌握了舅舅一家的动向。终于，夏毅宗抢在自己舅舅前面，将没藏讹庞一家一网打尽。

此时只有十五岁的夏毅宗深刻意识到梁氏才是自己的真爱。因此果断干掉了自己的皇后，将梁氏封为皇后，又将自己的小舅子梁乙埋任命为国相。从此，西夏进入了一个新的时代。

夏毅宗虽然年轻，然而却展现出了过人的政治能力。他试图为西夏在三国势力均衡上找到一个合适的点。因此，他一方面要求国内恢复汉礼，一方面跟大宋频启战端，而这些战斗的烈度都被他精心控制在合适的范围之内。他借着这些战斗之后求和的机会，不断从大宋手里获取利益，彰显自己的存在感。

然而上天和夏毅宗开了个大玩笑——他主政后仅仅 6 年就病死了。而他的儿子夏惠宗年仅八岁，太后梁氏又一次临朝主政。历史在这里转了个圈，只不过没藏氏变成了梁氏。梁氏主政之后，西夏国内开始了新一轮动荡，太后一族的势力与西夏皇族的势力发生了激烈碰撞。为了转移国内矛盾，梁氏一族不断挑起战端，试图通过与宋的战争加强自己在国内的权威。

种谔打下绥州城的举动就是在这样的大背景下发生的。

其实，说种谔轻举妄动是有点冤枉他的。西夏国内局势动荡搞得许多将领人心浮动，于是难免有人想归顺大宋，但又有点三心二意。种谔接到的指示是，尽力吸引这些人归顺大宋。然而，对于一些首鼠两端的将领要怎么办？

当然是武力胁迫和腐蚀软化一起来！

种谔的举动正式引发宋夏边境上的全面动荡，这种动荡最终演变成了全面战争。韩琦作为救火队员又一次坐镇西北，稳定住了西北的局势。眼下还没人知道，再过十年，这里将血流成河。

韩琦的离开让神宗皇帝有些惋惜。然而此时摆在他面前的当务之急并不是替韩琦惋惜，而是如何修补大宋这艘年久失修、四处进水的破船。年轻气盛的神宗对大宋的现状十分不满：不仅穷而且怂，国内流民作乱，国外边衅不断。空有百万大军，却什么都干不了，只会躺着要钱！这大宋还有没有前途了？

所以神宗决定：要改革！一定要改革！而且不能小改，必须大改！

神宗明白，这事没那么简单。当年的庆历新政开始不也搞得有声有色么？后来怎么样？还不是被顶回去了。所以，自己这改革不能轻举妄动，最好找当年参与过庆历新政的老臣们征求一下意见，再看看能不能把他们拉到自己的阵营里。

然而让神宗大失所望的是，当年那些锐意进取的人们经过这些年的风风雨雨，已经被这个世界将棱角打磨殆尽了。曾经在庆历新政中冲锋陷阵的老臣富弼在听到神宗改革朝政、拓边四方的宏伟志愿后，竟然劝神宗皇帝先怂上几十年再说。这让神宗大失所望，而朝中其他臣子言及朝政弊端，也只会说些“赏罚严明、知人善用”的陈词滥调。

没招了，另辟蹊径吧。无奈之下神宗将自己的全部希望都寄托在一个人身上，而这个人将与他一起将大宋朝带入一个新的时代。

这个人叫王安石。

王安石在仁宗年间就因为上疏要求变法而名声大噪。他不近酒色，严于修身，除了不爱洗澡稍稍有点邋遢外，可以说没有什么缺点。重要的是，他有一个十分给力的朋友：韩维。

神宗做王爷的时候，韩维是他的记室参军，经常和神宗聊一些治国理政的方针政策。而韩维对王安石又极为推崇，所以自然而然就在神宗的心里种下了一枚种子。神宗登基以后试图将王安石召到中央任职，然而这里有一个很尴尬的问题，那就是王安石这个人实在是太有性格了，以至于神宗很担心他会驳自己的面子，回绝自己的召唤。

这可不是开玩笑，王安石在此之前已经多次回绝过文彦博、欧阳修等人的举荐。他的逻辑很简单：我希望干点真正有意义的事。什么馆阁之职，虽然清贵，但是干不了实事啊！你还不如让我在地方上待着呢。大家一看，这人也太清高了吧！馆阁之职哎，别人打破脑袋都想要的职位你竟然弃如敝屣，果然是当世之高人啊！眼下极度缺乏有力支持者的神宗皇帝最终咬了咬牙——你不就是想要权做事吗？你来吧！我给你权！

王安石与宋神宗的第一次见面，就在这种气氛中展开了。宋神宗向王安石表达了自己强烈的改革愿望，而王安石则向宋神宗表达了自己更加强烈的改革愿望；神宗皇帝委婉地向王安石表达了自己想向唐太宗等前辈学习、建功立业，而王安石也委婉地批评了神宗皇帝的不思进取，指出咱要搞就搞个大的，学什么唐太宗啊！咱们学尧舜！

两个人心情激荡，对视一笑，觉得自己一生的知己就在眼前了！

于是在神宗皇帝的支持下，王安石坐上了升官的火箭。而王安石投桃报李，在熙宁元年上了《本朝百年无事札子》，拉开了变法的序幕。

这道著名的《本朝百年无事札子》只讲了一件事，那就是国运。王安石在札子里指出，咱们大宋现在的百年太平日子像天上掉下来的一样，纯属捡着了！稍稍有个天灾人祸，就按咱们这状态，就灭国了！可怕不可怕？危险不危险？

好可怕啊！那要怎么才能避免这样的厄运呢？

改革啊！来一场彻彻底底的改革！

朝中大臣们虽然都认同改革这事，然而对要不要彻底改革是有很大分歧的。在大多数人看来，咱们大宋的基本制度没什么毛病。现在出现这些问题，主要还是各级官员的认识有待加强。所以咱们整顿一下风气，换一批不称职的官员，问题自然就解决了。

神宗对这种思路表示不屑一顾——开玩笑，你们说的这些法子之前几任皇帝就没试过？要是有效咱们大宋能走到今天这个地步？在王安石的协助下，神宗很快确定了改革的方向：大改，从制度上改。

这下大家不干了：皇上，祖宗家法啊！那是说改就改的么？

不过大家也都明白，现在皇上心意已决，想让他收回成命是绝对不可能的。不过这事还有转机——你要改革，是不是得到朝廷来主持工作？哼哼，王安石你来吧，是时候让你见识一下我大宋的官僚主义了！

王安石根本没给他们正面交手的机会。王安石的思路很简单：在朝廷现有架构下搞改革，我一个人得想办法搞定你们所有人，这还怎么玩？所以皇上咱们搞个独立的部门出来吧，由我挂帅，专门负责改革事宜！

神宗欣然应允，于是熙宁二年（1069 年），宋神宗正式任命王安石为参知政事，主持改革事宜——熙宁变法，也称王安石变法正式开始。同时一个叫“制置三司条例司”的部门成立了，这个部门直接向神宗汇报！其余人等无权过问！

王安石的这步棋下得十分巧妙，名义上这个部门只负责财经改革，不涉及什么机构重组、人事改革、军队建设方面的东西。眼下大宋公认的最大问题就是钱不够花，因此从“理财”这个角度入手，设置一个独立的机构推进改革，是最合适、最有效，也是最不容易引起大家反感的。这在一定程度上也是吸取了庆历新政时期以政治制度为切入点进行改革，最后引发全面溃败的经验。因此大家虽然对成立这么个机构表达了不满，但在神宗的坚持下，这个制置三司条例司还是运转了起来。

然而王安石千辛万苦成立这么个独立的机构，不仅是为了方便自己干活，更重要的是培养自己的班底。一个草创不久、权力巨大、编制不满的机构，这将是他王安石招揽天下人才的吸铁石。被招揽到这个机构里的才俊，我随口说几个都是日后家喻户晓的知名人士：苏轼、苏辙、张载（为天地立心、为百姓立命的那位）、程颢、吕惠卿……

一切准备妥当，现在是王安石的表演时刻了。王安石打出来的第一张牌是均输法。

什么是均输法呢？简单来讲，就是弹性税收。咱们前面讲过，大宋朝收税的时候收的可不是货币，而是实物。这就出现了一个问题：灾荒年景的时候，粮食啊草料什么的不足，但是手里可能还有点钱，怎么办？

要是按照以前的办法，你就得拿钱高价去买。然而王安石觉得这不太科学啊，这不是变相抬高物价么？这样吧，咱们搞个弹性税收制度，你实物充足就交实物，实物不充足就交钱，然后朝廷再调节呗。不仅收税的时候可以这么搞，征收贡品的时候也是一样，哪里便宜、哪里运费低就去哪里征。所以用八个字就可以概括均输法的主要内容："徙贵就贱，用近易远。"

然而这里面的问题太多了。咱们不说宋代的漕运里有多腐败，单说这个弹性税收制度：以前歉收地区的实物税赋都是怎么收缴上来的？难道是歉收的土地听说朝廷要收税自己又长出东西来了？当然不是啦！你这里歉收，自然就会有商人从别的地方运粮过来，只不过这个价格嘛……就要稍稍高一些了。

现在朝廷不再强制收实物税了，自己亲自下场来搞弹性税收，这样一来商人以后还怎么搞？最重要的是，这会不会是朝廷与民争利的开端？

在中国传统的儒家思想里，政府最重要的职责是管理农业生产和治理天下，至于挣钱——你一个政府为什么要挣钱？经商那么下作的事情你干吗要去掺和？更不要提朝廷大大小小的官员，他们身后的家族跟这些商人之间多少都有些说不清道不明的瓜葛，于是雪片般的奏折递到神宗皇帝面前，然而神宗与王安石早就对此达成共识：你们说你们的，我们干我们的，反正这法还得继续变！

于是王安石又打出了他的第二张牌：青苗法。

青苗法说白了也很简单，就是青黄不接的时候政府向农民发放一笔小额贷款。然后农民将其用于耕种，等到农民收了粮食再来还贷，有点类似于今天的农村小额贷款。当时农民生活水平比较糟糕——大家不要觉得宋朝富甲天下，平民也能身穿绫罗绸缎衣食无忧。实际上宋朝农民日子过得相当苦，青黄不接的时候必须借高利贷才能勉强维持生活。王安石想的是，政府主动参与到农民的生产环节中，为农民提供小额贷款，缓解他们的压力！

然而这次王安石终于遇到了一个难缠的对手，他的这位对手正是两朝定策的超级大佬，韩琦。

韩琦从中央离开以后，在西北短暂待了一阵，就到河北任安抚使了。青苗法的施行，正是以河北、京东等路为试点逐渐开展的。

于是韩琦果断表达了自己的反对意见。他先是对王安石的理财政策进行了大肆嘲讽：过日子得攒钱，懂么？得节俭！你王安石一提到变法就说什么“开源”，天底下的钱是有数的，你开什么源？还不是与民争利？

鉴于神宗死后600多年亚当·斯密才出生，所以期待当时大宋的臣子们有很高的经济学认识是不切实际的。虽然王安石本人一再声明，说我这个理财观的核心是让天下的财货加速运转，然后把蛋糕做大，但大多数人还是对此表示了怀疑。韩琦的这种“节俭”观正是传统理财观的体现：大家觉得天下人口就这么多，产出的财富就这么点，国家搜刮得多了，老百姓——最重要的是商人和地主们——手里的钱自然就少了，这怎么能行！

韩琦表示咱们再谈谈这个青苗法，首先你那个利息收得就不对！王安石说，这个利息收取的理论依据是《周礼》的“贷民取息，立定分数”。这玩意儿你说得对么？原文里那个“贷”指的是商业借贷，老百姓跟国家借钱的那个“贷”是不收利息的！再者你那个青苗法里说了，根据家庭困难程度不同，来借贷的时候放款数量也不一样吧？家庭条件越好放款越多，可人家以前是自己贷款，根本就不需要跟你官府借钱。再说了，现在官府为了确保还款，都是把家庭条件好的跟条件不好的捆绑在一起放贷，等到贷款收不回来的时候就向家庭条件好的开罚款——这都是人干的事么？你这完全就是变相增加农民负担！赶紧都给我停了得了！

王安石当然不准备收手！开玩笑，我这青苗法后面还有好多事呢，你一个韩琦说停就停？我今天就要碰一碰你这个两朝定策的元老大臣！

然而河北路的主政官员是韩琦，偏偏当时京东路的主政官员是欧阳修。欧阳修自“扒灰事件”以后心灰意冷，多次要求退休，在皇帝再三挽留下做了京东路的安抚使。这次欧阳修与韩琦一样对青苗法的实施表示了强烈的反对！这两位都是成名已久的重臣，同时叫停青苗法的后果就是整个朝廷掀起了一个反对王安石变法的新高潮！大家纷纷表示，皇上，韩琦说得对啊！我跟您讲，这要搁五代那会儿，像王安石这样乱搞，韩琦他们早就兵发东京汴梁清君侧了！结果一来二去，作为王安石坚强后盾的神宗皇帝，怂了。

这回王安石算是踢到了铁板，连制置三司条例司里的好多人见势头不妙也开始准备撤了——大名鼎鼎的苏轼与苏辙兄弟，就在这次事件之后跟变法派分道扬镳了。王安石现在可以说是内忧外患，举步维艰。此时的情形，用司马光的话来形容就是四个字：举世皆敌。

然而这其中最让王安石不能理解的是，神宗皇帝你竟然怂了！别人反对我都能理解，你怂了算怎么回事？难道这天下是我王安石的天下么？难道我千辛万苦变法改革，不是为了实现你富国强兵的梦想么？然而神宗表示，我的压力也很大好不好！你以为只有你觉得有压力么？我给你讲，你不错了！你还有我给你扛一下，可谁来给我扛？大臣们一个个要死要活我就不说什么了，连皇后太后太皇太后都天天跟我念叨说不能变法。我也很痛苦啊！

行！王安石一咬牙：皇上，我有病了，得回家休息了！您想咋整咋整吧，咱俩都不用痛苦了！于是称病请假。

大家一看，这什么状况？王安石跟神宗皇帝终于掰了么？我的天啊！这可是天大的好消息啊！于是纷纷踊跃上奏，将变法骂得一文不值，把王安石骂得狗血喷头。司马光作为强烈反对变法的代表人物，向神宗皇帝指出，王安石的变法已经在国内引起了广泛反对，必须马上停止变法才能挽救眼下的局面。神宗皇帝在这些人巨大的攻势下立场日趋软化，最终决定：要不咱们先把青苗法废了吧？

没问题啊！大家喜出望外——你王安石不是称病了么？趁你病，要你命！然而谁也没想到的是，一个猪队友毁了所有人的努力。

进行到底：变法的新高潮

这位猪队友姓赵，名抃，乃是当朝执政。正常来讲神宗好不容易服软了，就应该赶紧把新法给废了才是正经的。然而，可能是幸福来得太快让人措手不及的缘故，赵抃竟然跟大家讲要不咱们先等等，王安石这不是请假了么？等他销假回来，咱们让他亲手废了这新法！

王安石表示：谢谢啊！

就这么一耽误工夫，神宗皇帝自己终于琢磨明白了——你们倒是能叫唤，可问题是钱从哪里来？现在我把王安石撤了，有一个能给我搞来钱的么？行了，王爱卿啊，朕以后坚定信念，咱俩一条道跑到黑吧，你赶紧回来接着变法吧！

王安石表示，没问题！我回来咱们接着变！咱们把改革进行到底！

赵抃哭晕在厕所里。

接下来的事情就简单了，王安石通过这次事件纯洁了队伍，“立场不坚定”的像苏轼、苏辙、张载、程颢等人纷纷离开了他的身边。而“立场坚定”的变法派，像吕惠卿等人则获得了更大的话语权。然后，王安石继续坚定地将自己的变法推进下去。而经过这次事件之后，神宗皇帝与王安石彻底达成了一致。重新获得皇帝信任的王安石很快就开始对反对派进行清算，一个又一个反对派被贬离京。而农田水利法、市易法、募役法等新法不断被推行，王安石明确告诉所有人：咱们大宋这改革势在必行，不换思路就换人！

而王安石的归来也意味着王安石与司马光友谊的彻底破裂。这两个人年轻的时候同在包拯——就是铁面无私辨忠奸的那位包青天——手下为官，交情甚好。王安石刚进京时，司马光欣喜若狂，以为两个人此后必将有所作为。然而世事难料，在改革观念上的分歧使得两个人最终走向了对立。司马光作为坚定的反变法中坚力量，在王安石病假期间对变法进行了肆无忌惮的攻讦。随着王安石的归来，他逐渐意识到自己已经没法再在京城待下去了。因此，司马光做出了他人生中最重要的决定：皇上，臣在京城里干不下去了，您让我去洛阳吧。

司马光去洛阳，是为了写《资治通鉴》。这是英宗皇帝在死前交给他的任务。司马光从此远离政治中心，直到神宗皇帝死后他才又一次复出，实现自己未竟的反改革大业。而眼下的大宋，是王安石与宋神宗的了。

现在王安石已经不再需要制置三司条例司了——他于熙宁三年（1070年）在神宗的支持下升任宰相，自然不用再隔着锅台上炕了。而改革涉及的领域也在不断扩大，王安石升任宰相的同时就出台了保甲法与免役法。前者就是日后大家所熟悉的“保甲”制度：十户一保，保内有人犯了事，同保的人知情不报大家一起连坐。此外，每保还需要出一个人参与军事训练，成为基层民兵。免役法则是将原有的差役由义务劳动形式改为折算出钱，然后政府用这个免役钱雇人参与差役。

任意施为的王安石在神宗的支持下不断深化改革：冗员是吧，官太多是吧，机构设置不合理是吧，好办！咱们改革了，正好来了新差事，你们这些人把活儿接过去吧！新法推进不下去？地方行政运行成本太高？咱们撤州并县，重新划分行政区域！至于各种法度，那更是一个接着一个往外颁布，什么试刑法、宗室见外官法、远官就移之法、仓法、中书吏试补及功过升降法、内外官避亲法……一个接着一个，层出不穷。

不仅如此，王安石还清醒地认识到要想将这个改革彻底进行下去，必须要理论联系实际，用正确的理论来指导改革。不过要求王安石的思想认识一下子上升到现代组织理论程度也不现实，所以王安石的切入点是科举。

于是熙宁四年（1071 年），王安石进一步施行科举改革——以前科举取进士不是考诗词歌赋么？那玩意儿写得再好，能治理国家么？都给我取消了！以后咱们主要考申论，至于怎么考吗，当然就要往变法的思想上贴了。同时，他还大幅度改革太学的教育体系，一手发动了大宋的又一次办学热，试图自上而下培养变法人才。在王安石的想法里，只要有个十年八年，新一批学子成长起来以后，就再也不会有反对变法的声音出现了。

变法推进到了这种地步，大家也都清醒认识到神宗皇帝将改革进行到底的决心。其实从情理上讲，王安石施行的这些变法，许多都是他在地方上试运行过的，具体实施时又经过试点与改进，本来是不该有什么问题的。然而，王安石忘了一点，那就是他王安石是什么人？他是一个彻头彻尾的理想主义者啊！而其他人跟他可未必一样，许多地方官嗅到了朝廷将改革进行到底的信号后，迅速做出了判断——你不是坚定决心一定要改么！好，我改！我不仅改，而且改得比你还狠，比你还彻底！

王安石自然是不可能时常亲自深入一线进行考察的。不过新法施行，总要有个考核办法吧？比如说青苗法，最终考核关键不还在于收回多少利息么？好办！我强迫农民贷款不就得了？最穷的人家还款有风险，那我就逼着大户人家多贷点款不就得了？基层官员们迅速而准确地抓住了新法的“关键”，于是一时间整个大宋朝改革成效显著、硕果累累。各级官员不断超额完成任务，百姓则展现出了一种违心的欢乐气氛。反对派对此攻讦不休：王安石这变法啊，果然是与民争利，果然是包藏祸心啊！

然而现在说这些已经没有用了，神宗皇帝终于开始品尝到自己改革的成果了，最直观的一点就是——大宋终于有钱了。

对于一个上任之后就不得不节衣缩食、拿内库补贴外廷的皇帝而言，白花花的银子比任何东西都更有说服力。更不要说这位年轻的皇帝还有着席卷宇内之心，而开兵见仗当然是需要银子的。

而从哪里开刀更不是个问题，自从神宗当上这个皇帝开始，他就一直在谋划着怎么打西夏，而他的倚仗则是一个叫王韶的人。

王韶是嘉祐二年的进士，在西北边境一带游历多年，对西夏问题有着十分独到的见解。熙宁元年，他向神宗皇帝献上了一份《平戎策》，详细阐述了自己的西夏战略。

王韶的西夏战略十分简单：想打西夏，先打西夏以西。咱们恢复汉唐故疆，包围西夏，彻底断绝西夏在其他方向上的活动空间。西夏是个小国，没了活动空间以后，用不了几年就是咱们的囊中之物了。

好！就按你说的做！神宗皇帝龙颜大悦，马上封王韶为秦凤路经略司机宜文字，让他主导进行熙河开边。王安石对这个计划也是赞许有加，王韶得到了朝廷的全力支持，开始在大西北执行自己的拓边战略。

七年，王韶这一去就是七年。这七年里王韶筚路蓝缕，创业维艰，然而让神宗与王安石欣慰的是，王韶最终没有辜负他们对他的信任。熙宁七年，王韶北进银川，西至南山，扫荡了这个地区所有不肯归顺的部族势力，前后共斩六千余级，焚烧帐篷二万余顶，缴获牛羊八万余口，各部酋长八十余人前来请降。

熙河大捷！这意味着大唐安西都护府陷落近三百年后，中原朝廷的旗帜又一次插上了这片土地！大宋上下举国欢腾，改革派终于取得了最辉煌的战绩。神宗皇帝欣喜之情无以复加，而王安石作为熙河开边的坚定支持者，也获得了无上的荣耀——神宗皇帝亲自解下自己的玉带，递到他的手上。

熙河大捷给王安石带来了无上的荣耀，却没有给他带来更稳固的地位。原因很简单：就在熙河大捷的这一年，大宋遭遇了百年不遇的大旱。

起起落落：黯然神伤的王安石

反变法派们知道自己的机会来了。古人相信“天人交感”，所以天灾必定伴随人祸。此前，反变法派们已经多次借助各种异常天象攻讦过王安石。不过显然，这次天下大旱，饥民纷纷涌入开封、洛阳，成了反变法派攻击王安石的最好武器。

神宗皇帝压力很大。他的压力不仅来源于反变法派的疯狂反攻，更源于北面的那个恶邻：辽国。

大宋西北军事行动的成功引起了辽国的关注。自从重熙增币之后，辽、西夏与大宋三足鼎立的态势始终比较稳固。而辽国作为三国之中最能打的一个，要比他两个对手过得舒坦得多。

当年重熙增币事件的当事人辽兴宗耶律宗真在仁宗至和二年（1055 年）的时候一命呜呼了，他的长子耶律洪基继位，是为辽道宗。话说这位辽道宗有一个大家耳熟能详的结义兄弟，曾任江湖第一大帮丐帮帮主，名为萧峰……

没错，《天龙八部》里萧峰到了辽国后的结拜大哥，就是这辽道宗耶律洪基。在金庸先生的小说里，萧峰到了辽国后帮助耶律洪基平定了一场紧张激烈的叛乱，从而被封为南院大王。萧峰这个人物自然是小说家虚构出来的，然而这场叛乱却是真实存在的。

掀起这场叛乱的人是辽国的“皇太叔”，耶律宗元。

按理说耶律宗元作为辽国的皇太叔兼天下兵马大元帅，是没有什么动机发动叛乱的。然而大家可能不知道的是，耶律宗元在被封为皇太叔之前还做过好多年的“皇太弟”——他曾经是耶律宗真亲自指定的第一顺位继承人。耶律宗真曾亲口许诺，自己百年之后就让自己的这个弟弟上位做皇帝。然而耶律宗元等来等去，耶律宗真临死前却变卦了！让耶律洪基继了位！虽然耶律洪基转过头来就把自己的这位叔叔封为皇太叔，然而耶律宗元和他的儿子们却表示不想再等下去了：行了，也不用等你驾崩归天了，我们自己动手吧。

于是耶律宗元在自己儿子的怂恿下，于耶律洪基进行“秋捺钵”的时候发动了叛乱。而耶律洪基虽然没有在这次叛乱中遇到一个会“降龙十八掌”的义弟，不过他还是得到了一个在平叛中出了大力的心腹。这个人叫耶律乙辛，在宗元父子打到耶律洪基的捺钵帐外时拼死抵抗，保住了耶律洪基的安全。因此，叛乱之后耶律乙辛得到了重用，掌管北枢密院。耶律洪基的逻辑十分简单——能在那种危难时刻拼死救我的人能是坏人么？

事实告诉我们：能！

得到耶律洪基全部信任的耶律乙辛开始在辽国朝廷上兴风作浪。耶律洪基则沉迷于打猎与佛法中不能自拔——需要指出的是，萧峰的这位大哥本来也不算是什么明君，他甚至会掷骰子选官，其荒谬程度可见一斑。然而耶律洪基虽然昏庸，可他还有太子啊！大宋熙宁七年（1074 年），太子耶律浚开始干预朝政，总领北南枢密院事。

此时的辽国虽然自己乱成了一锅粥，但却依然关心着旁边两个邻居的动静。熙河开边让辽国上下都震动不已，谁也想不到那个总是挨打的宋朝能干出这样的事情来。在这种情绪的支配下，加上太子掌权之后也需要一个漂亮的政绩来给自己的脸上贴金，辽国很快就开始了自己的动作。

作为当时东亚第一能打的国家，辽国的举动极其简单粗暴——他们直接派了个使者过来，要求重新划分国界。

神宗觉得自己的脑袋快炸了。

这连日大旱，国内已经闹得沸反盈天了，宫里太后和皇后也天天喊着要罢相。现在契丹人又找上门来，这是内忧外患一起来啊！还能不能让朕安心过日子了！

王安石表示，皇上，契丹人又不是要打过来你怕什么！神宗琢磨了一下，觉得对啊，这又不是打过来了，谈判划界我有什么可怕的！我大宋别的不行，谈判还不行么？那什么，来人啊，去跟辽国使者慢慢谈判去吧。

王安石此时还不知道，一口天大的黑锅已经给他准备好了。对于王安石来讲，眼前最重要的还是如何坚定神宗皇帝的信心，让他能够顶住压力熬过这段大旱的日子。然而人算不如天算，尽管王安石一再给神宗皇帝打气，愈演愈烈的灾情终究还是压垮了神宗的信心，让他与王安石之间产生了致命的隔阂。

最终给予王安石致命一击的是一幅名为《流民图》的画，以及跟画一起递上来的《论新法进流民图疏》。

画上详尽描述了灾民的惨状，同时痛斥王安石变法的害民行径，指出安石变法天地不容！现在气候如此异常，百姓苦不堪言，那都是王安石作的孽。皇上你赶紧废了新法，老天爷这一高兴十天之内就能下雨，要是不下雨……要不下雨你就弄死我！

干这事的人名叫郑侠，是开封城的监安上门，是王安石一手提拔起来的一个小官。不过正如苏辙等人一样，郑侠被提拔起来以后迅速改变了态度，成了一名坚定的保守派。这次大旱，他也想跟朝廷大佬们一样上疏要求皇上废除新法。然而这在今天都是很不靠谱的，因此郑侠最后一咬牙——正常渠道没法沟通，不是还有非正常渠道么？我伪造成机密文件得了！

于是这幅《流民图》就以机密边关急报的名义被送到神宗手里。

神宗震惊了——大家虽然纷纷借这个机会攻击王安石，敢赌命的却只有郑侠一人而已。这这这，有人赌命可怎么办？看这图上画的确实也是挺惨的，要不要先废除新法试试看？神宗皇帝翻来覆去琢磨了一宿，最终做出了决定：废除青苗、免役等百姓意见比较强烈的十八项新法，咱们看看老天爷到底是什么意思吧。

老天爷很赏脸，前脚神宗废除新法，后脚倾盆大雨就下了起来。

王安石震惊了，所有人都震惊了。大家设想过许多次王安石倒台的场景，然而谁也没想到的是，最终竟然是一个小小的门监把他给搞定了。而这件事情更坏的影响在于，在认识水平普遍较低的宋朝，大家通过这事完全相信了王安石变法已经遭到天谴。神宗不得不下了一道罪己诏，并要求大家踊跃发言，来批评自己执政过程中存在的问题。

保守派们掀起了一波疯狂的反攻，连蜗居在洛阳的“穴居人”司马光都忍不住上了一道札子——这里需要说明的是，司马光身体胖大，夏天燥热难当，只好请人给自己挖了一个地窖，在其中专心写作——表示自己听说皇上您迷途知返，高兴得哭昏在地窖里。您赶紧把新法都废了吧，咱们顺天应命，别再惹老天爷不高兴了。

在这种氛围下，黯然神伤的王安石最终罢相离开京城，回到了江宁府。七年前，他就是从这里意气风发来到神宗身边，开始主持变法。而七年后，一切似乎又回到了起点。不过还好，虽然自己走了，但是临走前留下了韩绛、吕惠卿这些人。他们应该会将改革进行到底吧？

事实证明，王安石对了一半。

吕惠卿是王安石在变法之后一手提拔起来的。他早就将自己的荣华富贵与整个新法绑在了一起——均输法、青苗法和农田水利法都是他拟定的。王安石被弹劾时，他拼命发动手下多方上书挽留王安石。等发现大势已去后，他又拼命联络各地方官员上疏要求保留新法。在最紧要的关头，他甚至跑到神宗面前痛哭流涕，向神宗痛陈利弊：皇上，您这么些年吃不好、睡不好才搞成变法这事，就因为一个看大门的要赌命你就全废了？合适么？而神宗也逐渐回过味来——天灾大旱是不是新法导致的他不知道，然而新法的救灾机制这次确实是发挥了不小作用。所以，神宗皇帝果断收回成命，宣布继续变法。

王安石老怀大慰，觉得自己这次罢相前死活将吕惠卿提拔为参知政事真是无比明智的选择。然而还没等他高兴多久，一件让所有人都大跌眼镜的事就发生了——留在朝中的改革派们“耗子动刀——窝里反”，自己打起来了。

改革派的分裂是从时任三司使的曾布开始的。他同吕惠卿一样，都曾经是王安石的左膀右臂。不过跟吕惠卿不同的是，他觉得自己没必要非得跟新法拴在一起。现在王安石走了，自己是不是应该识时务一点？而曾布掌管的市易法恰恰是保守派们诟病最多的新法之一，连神宗本人在这个问题上也是十分犹豫的。结果恰好保守派们反攻，要求清查提举市易法的吕嘉问的经济问题，而曾布又跟自己的这位手下素来不和，索性就坡下驴，公开表了态：市易法啊，真不是什么好东西！

这还了得！吕惠卿一下子就不干了：曾布你是不是要造反？市易法就是你管的，现在保守派揪住不放的吕嘉问也是你的手下，结果你给我整出来一句“市易法不是好东西！”不行！口子绝对不能从你这里开！我要让所有人知道，谁敢反对新法，我就砸烂谁的狗头！

在王安石背后支持下，吕惠卿开始了对曾布的大肆攻击。终于，改革派内部的第一次战争以吕惠卿的胜利而告终，投机分子曾布被免去三司使的职务，黯然离开了中央。接替他的是另一个从制置三司条例司时期就紧跟在王安石身后的年轻人：章惇。

吕惠卿觉得自己已经完全看清楚了当下的局势——朝廷现在的这些改革派大部分都是王安石强行提拔起来的，能力和人望都十分有限。王安石走后群龙无首，所以才会有曾布这种人出现。既然群龙无首，那我来做这个首行不行？

踌躇满志的吕惠卿很快开始了自己的表演，他拿出来的是属于自己的新法——手实法。手实法说白了十分简单，就是让百姓上报自己的田产，好方便朝廷收役钱。这个办法唐朝的时候就曾施行过一阵子，不过后来失败了，失败的原因也很简单——谁愿意主动公布自己的财产好方便政府收税？不过吕惠卿显然是有备而来，伴随手实法一起颁布的还有一个补充条款：鼓励踊跃进行揭发，一经核实，予以重奖。于是大宋骤然掀起了一场民众间的“斗智斗勇”，再加上忠于职守恨不得连农民家里的一只鸡都算到田产里的基层官吏，很快宋朝人与人之间的信任就彻底没有了。

吕惠卿此时才体会到做老大的难处——不是什么样的改革都能强行推进下去的，而他显然还没法跟王安石相提并论。不过这也不要紧，改革推进有困难，我还可以结党营私、打击异己、搞政治斗争嘛！而作为宰相的韩绛在王安石主政的时候始终在给王安石打下手，各方面能力都比较有限。面对着野心勃勃的吕惠卿，他觉得自己有点招架不住了。终于，在缠斗中始终无法取得优势的韩绛丢出了自己的法宝：皇上，臣能力一般水平有限，要不咱们把王安石找回来怎么样？

神宗表示，我早就想这么干了！你们这群人天天折腾来折腾去的，捆在一起都比不上一个王安石啊！现在朝廷乱成一锅粥，边境上划界的事情又闹得不可开交，契丹人整天搞军事讹诈，不如让王爱卿回来算了。

吕惠卿大惊失色，赶紧向神宗表示：皇上，王安石可不能轻易复相啊！我跟您讲，他这个人毛病很多、问题很大。您可千万不能把他给召回来啊！您看我帮您打理朝政不是挺好的么？还要他回来干吗？

好？神宗对此表示了呵呵。手实法施行以来大家怨声载道咱们就不提了，熙宁八年三月，契丹人又来要求重新划界，不仅在边界上大搞军事讹诈，使者更赖在东京汴梁死活不走，可你们这些大臣都干了什么？你们嚷嚷了半天，连辽国前后要求划界的土地差了几十里都搞不清楚，我要你们何用？赶紧把王安石给我找回来！

神宗皇帝转过头就把吕惠卿攻击王安石的札子都给王安石转了过去。这让王安石十分震惊——改革派里有坏人啊！吕惠卿我拿你当心腹，你就这么对我？不行，我得赶紧回去！

熙宁八年二月，王安石日夜兼程重返东京汴梁，复相。

让所有人都大跌眼镜的是，王安石复相后在冲突中被拉下马的第一个人不是吕惠卿，反而是最早主张要把王安石找回来的韩绛。韩绛在跟吕惠卿的争执中身心俱疲，而王安石回来后的强硬作风也开始让韩绛越来越适应不了。就在王安石回来之后半年，韩绛罢相了。

吕惠卿此时的情况并不比韩绛好到哪里去，王安石回来后态度强硬地废掉了吕惠卿主政时搞出来的几个新法。紧跟着，两人在国事上又连续爆发分歧。终于，倾向王安石的御史们开始了对吕惠卿的大规模人身攻击，什么欺君枉法，什么植党肆奸，什么欺压百姓……都扣到吕惠卿的头上。

而试图做和事佬的神宗则委婉地表达了自己的不满：咱们能不能不闹了？这眼下还一屁股事呢，就不能都消停一点么？

充分意识到自己无法与王安石抗争的吕惠卿果断表态：行，我走，让王安石留下！

那不行！光你走就完事了？你听说过扫厕所扫了一半就扔那儿不管的么？你的那个死党章惇也得一起走！

好！那就一起走吧。

王安石对此表示满意，他现在全部的精力都用在应付契丹人可能到来的军事讹诈以及继续推进改革上，根本没心情去管吕惠卿的下场。他向神宗表示：之前咱们害怕双线作战，所以不敢得罪契丹人，现在熙河在手，西北地区的战略主动权在咱们手上啊！就算跟契丹人来一仗咱们也完全不虚，你还有什么可怕的，要对契丹人强硬一点，再强硬一点！

不过你王安石不虚，不代表别人不虚。神宗对此表达了委婉的怀疑，同时开始向韩琦等几位元老重臣们征求意见，结果这些老臣们的意见惊人一致——皇上，那大辽可不是说笑的，您万万打不得啊！已经退休在家养老的韩琦痛陈利弊，恳切地向神宗指出：您天天加强国防建设，巩固边防，那契丹人能不生疑么？他一生疑，能不过来搞战略讹诈么？您啊，赶紧别再听王安石的了，把边防上的人都撤了，契丹人自然就回去了啊。

韩琦等元老重臣们自废武功的逻辑深深地说服了神宗，使他在这个问题上产生了极大的动摇。而王安石则悲哀地发现，当初那个对自己言听计从的神宗已经有了自己的打算，自己复相之后面对的压力越来越大。而王安石的家里此时也是问题不断，特别是他的儿子王雱因为对吕惠卿不满，私下罗织吕惠卿的黑材料，结果被吕惠卿反咬一口，告到了神宗面前，说王安石这么干分明是欺君罔上，罪大恶极！一头雾水的王安石不明不白地被神宗申斥了一顿，直到回家以后才知道发生了什么。

王安石深刻认识到自己已经不再像以前一样，在神宗面前拥有绝对的话语权了。雪上加霜的是，素来被他视为接班人的儿子王雱，又在熙宁九年不幸病逝。

王雱素来以才思敏捷著称。在他小时候，有人曾经送给王安石一只獐子跟一只鹿。结果看见了小朋友，就想故意刁难他一下，问他哪只是獐，哪只是鹿？

王雱毫不犹豫地给出了绝对正确的答案：獐子旁边的那只是鹿，鹿旁边的那只是獐子。

王雱天资极高，在当时甚至被一些士子称为“小圣人”。同时他也被王安石视作自己衣钵的继承人，特别是改革派分崩离析以后，许多国家大事都是王安石与王雱一同议定的。王雱病故之后，王安石万念俱灰，主动向神宗提出罢相。

此时王安石只有五十五岁，正是一个政治家的黄金年龄。然而他却从此再没能回到朝堂之上，主持变法近十年的王安石退居金陵城边，每日骑驴寄情于山水之间，过着清贫而朴素的生活。最后，在一场大病过后，甚至连自己仅有的小庄园都捐了出去，在金陵城中租房而居。也许就像他说的那样，繁华一世回首此身也不过一粒微尘吧。

从元丰改制到永乐之战：大业未竟的神宗皇帝

王安石其实没明白，神宗已经从那个毛头小伙子成长为一位合格的君王了。神宗已经不再需要一个人来教他怎么做了，他需要的只是一个能够充分贯彻自己意志的执政班子。王安石罢相以后，宋辽之间的划界很快有了结果，神宗皇帝用七百里的边境换来了又一轮的和平。而辽国此时的政治形势也发生了巨大的变化——耶律洪基匪夷所思地听信了耶律乙辛的谗言，弄死了自己的皇后，废掉了自己的太子！耶律乙辛则成功“补刀”，在太子被废后，干掉了太子与太子妃。耶律洪基对此表示接受。

太子死了，耶律乙辛忙着篡权，耶律洪基忙着打猎拜佛，因此大家对这次宋辽划界问题的结果感到十分满意。只有一些不识时务的辽国人表示有点看不懂现在这局势——皇上，您可就只有这么一个儿子啊！虽说还有个刚出世的皇孙可以继承血脉，但是这完全不拿自己儿子当回事、任由耶律乙辛胡作非为是怎么个意思？

事实证明，玩高兴了的耶律洪基完全没把这事放在心上。虽然最终耶律乙辛的篡位行动被耶律洪基识破了，然而辽国从此还是陷入了不断衰退之中。而在辽国的边境上，一些名为女真的部落则成了新的征服者。不过眼下讨论这些问题未免还太早，我们还是把镜头拉回来，看看神宗到底想干什么。

神宗在忙着平衡朝廷上的新旧两派。因为韩绛与王安石先后罢相，所以接替他们的两个人分别是吴充和王珪。这两个人中的前者是王安石的儿女亲家，是比较中立的保守派——这是王安石的一大悲哀，他所有的亲戚朋友几乎都站在了他的对立面，连他的儿女亲家跟他的弟弟都不例外。后者则是著名的“三旨相公”。什么叫三旨呢？就是说他上朝是取圣旨，接受批阅是领圣旨，下朝之后见了手下人说自己已得圣旨——完全就是一个传声筒而已。

神宗意识到自己富国强兵的梦想现在已经实现得差不多了。改革这事么，自然是没有必要再大刀阔斧进行下去了。能够维持现状，给自己带来源源不断的财物，这对自己来说就已经足够了。平衡朝堂上的势力，让自己的意志能够得到充分贯彻，成了神宗眼下要做的事情。于是，神宗一方面起用了一些保守派的大臣，另一方面，一次轰轰烈烈的政治体制改革被神宗提上了日程，这就是元丰改制，与熙宁变法并称为“熙丰新法”。

前面咱们曾经提到过，庆历新政的时候，仁宗皇帝想从冗官开刀，结果一下子就引发了轩然大波，导致整个改革无疾而终。而王安石变法时从经济问题入手，巧妙地回避了冗官问题，不过这并不代表冗官问题就不存在了。事实上，冗官不仅存在，而且问题还变得尤为突出。原有的各种混乱的官制与恩荫就不提了，大宋还有一个“特奏名”，专门用来给多年科举不中的举子在法外开放绿色通道，直接允许这些人参加殿试，甚至无论成绩合格与否都给个小官当当。仁宗时期为了避免落魄秀才张元投奔西夏的事件再次发生，特奏名的比例是水涨船高。

神宗改革的方向十分明确：咱们的官制不是从唐朝以后逐渐乱起来的么？那好，就照着唐代的官制改！三司什么的都不要了，恢复到三省六部的机构模式中去。

神宗的这个改制，大概可以分为两个步骤：第一步是“以阶易官”。

以前咱们不是又有寄禄官又有差遣么？而寄禄官作为确定官员俸禄的官职一般还都是实际存在的职位，这就导致了如果继续这么干的话，改革根本进行不下去。举个例子：比如说当时的同知枢密院薛向，他的寄禄官是工部侍郎。工部侍郎是给他开工资用的寄禄官，用来标明薛向享受的待遇，同知枢密院才是他的实际职务。

如果神宗恢复唐代官制的话，那么工部显然就会有一位实打实的侍郎走马上任，那这位同知枢密院要怎么办？解决的办法十分简单——咱们直接搞一个专门的阶位，用来确定官员俸禄不就得了！所以改革之后，工部侍郎、同知枢密院薛向就变成了正议大夫、枢密副使薛向。

“以阶易官”完成以后，就进入了第二个阶段：“官复其职”。大家可以粗略理解为机构调整、定岗定员定编。三司、审官院等一系列专门用来分权的机构被逐步撤销，而原本基本属于纸上衙门的三省六部则成为实际的行政机构。

整个改制中心情最为激动的就是王珪了，恢复三省六部制以后，所有朝廷的决定都由中书省取旨，门下省审核，尚书省执行。三省分班奏事，权归中书省。而这中书省的长官，那就是中书令啊！名正言顺的宰相，一人之下、万人之上啊！看看朝里现在这状况，那除了我还能是别人么？

当时吴充已经罢相，跟王珪搭台的是蔡确——这位老兄也是王安石提拔起来的变法派干将。王安石罢相时他是右知谏兼判司农寺。司农寺这个机构在制置三司条例司撤销后逐渐成为推行青苗法、农田水利法、免役法等新法的重要机构。在王安石罢相以后，他多次击退了吴充等保守派的反攻企图，最终取吴充而代之，成为副相。

蔡确向王珪表示，您不用怀疑，除了您谁还有资格任中书令啊！你以后就是妥妥的宰相大人了！然而，转身蔡确就找到了神宗——皇上，唐朝的时候可有先例啊，宰相权位太重不宜轻授！我看不如这样吧，王珪跟我就任个左右仆射得了，兼任尚书省跟门下省的侍郎，反正干的还都是宰相的活儿，这样还避嫌，挺好。

神宗表示你这个觉悟很高嘛！妥，就这么办！

其实王珪没想明白的一点是，逐渐步入中年的神宗已经无法容忍他的人生中出现第二个王安石这样的人。他现在需要的是一个完全听命于他的执政班子，宰相只是执行他意志的一个工具而已。至于改制也好，继续推进变法也罢，都不过是实现他最终目标的一个跳板而已，而他的目标十分明确——那就是恢复汉唐旧疆。

从治平四年到元丰四年，神宗等这个机会足足等了十五年。他顶着压力任由王安石变法，他顶着压力开边熙河，他咬着牙跟契丹人媾和，他觉得自己已经等得够久了。他现在只需要一个机会，一个向西夏动手的机会。

元丰四年，这个机会终于来了。这年，夏惠宗跟梁太后之间发生了激烈的争执。已经名义上亲政五年的夏惠宗不满自己母亲梁氏一族把持朝政的状况，试图将河南地区归还宋朝以结好宋国，从而驱虎吞狼，让大宋帮自己搞定梁氏家族。这个计划理所当然被梁太后给识破了，梁太后果断囚禁了自己的儿子。

不过尴尬的地方在于梁太后只有这一个儿子，而显然夏惠宗还没来得及生下继承人。杀了他自己做皇帝吧，名不正言不顺；扶植别的皇族做傀儡吧，风险又比较大。因此，囚禁了夏惠宗之后梁太后自己反而陷入了僵局之中。而太后囚禁皇上的消息走漏后，西夏国内上下震惊，一时间西夏大乱。得到消息的宋神宗简直高兴得要跳起来了：什么是机会？这就是机会啊！

神宗觉得这简直就是送上门的胜利！西夏境内一盘散沙，长期驻守在宋夏边境的鄜延路副总管种谔——就是之前收复绥州的那位——表示这次机会千载难逢，只要出兵，一定手到擒来！因此，神宗在朝堂上激动地表示：我想打西夏，大家觉得意下如何？

不如何！出乎意料的是，主管国防的知枢密院孙固与同知枢密院吕公著同时表示反对。他们提出了一个十分尖锐的问题：咱们大宋有够资格领兵伐夏的武将么？

这个问题提得简直要命，因为这时的大宋还真就没有一个人有资格领兵伐夏！论资历、论军功、论职位，满朝文武里还真挑不出一个合适的人选！

然而神宗表示这都不是事，外朝没有能打的，朕的后宫里有啊！朕有个内侍叫李宪，当年也是跟着在熙河一起开过边的，忠诚可靠能力强，你们都忘了么？

大家表示，您这太胡闹了，伐夏诶，这样的大仗您找个太监来挑头不合适吧！

神宗表示这事没商量，西夏是必须要打的。我折腾了这么多年，等的就是这么个机会，你们有意见就给我保留吧！

于是自雍熙北伐以来，北宋规模最大的一次军事进攻开始了。这次行动的目标十分明确——打进西夏，灭了它！

神宗发动了五路大军，总兵力超过三十万人，民夫超过二十万人！总兵力甚至接近西夏人口的五分之一了。神宗觉得自己这次优势这么大，就算是让这五路大军直接平推过去那也是个必胜的结果啊！输？不可能的！优势这么大我怎么输？

现实是残酷的，五路伐夏大军在最初的高歌猛进之后轻敌冒进。战争初期被打得节节败退的西夏军队诱敌深入，在灵州城下大败宋军，宋军死伤数以十万计。

神宗觉得自己简直要疯了——优势这么大，竟然输了？这还有没有天理？进攻不行是吧？那我修城稳扎稳打成不成？

事实证明，战争这种事情是不讲天理的。神宗在边境上修筑城池稳扎稳打的计划最终竟然也破产了——元丰五年（1082年），西夏人发动三十万大军，拔掉了大宋在边境上扎下的最大一根钉子：永乐城。全城七万守军几乎被全歼，各级将领死伤数以百计。

神宗崩溃了，他在群臣面前痛哭流涕，完全失态，从此郁郁寡欢，没有两年就撒手人寰了。命运跟他开了一个巨大的玩笑，这位励精图治的君主一生所耿耿于怀的事业，终究没能在他有生之年内完成。

元丰八年正月，神宗皇帝病危。其年仅九岁的六子赵佣改名赵煦，被立为太子，太后高氏暂时主持政务。同年三月，神宗皇帝驾崩，赵煦继位，是为宋哲宗。

大宋的历史又揭开了新的一页。

元祐更化：保守派的全面反击和清算

哲宗登基之后由于年纪太小，只好由太皇太后高氏垂帘听政。咱们前文曾经提过，这位高太后是顶烦变法的。

于是司马光回来了。

这年他六十七岁，在洛阳远离变法之争已经十五年。他等了十五年，就是要等一个机会。他要争口气，不是想证明他了不起，而是要告诉别人我司马光就是要跟变法斗争到底！

回京奔丧的司马光刚刚在神宗驾崩的前一年完成了《资治通鉴》这部鸿篇巨制，在朝廷内外获得了巨大的声誉。大家纷纷表示，希望司马光这次回来就不要走了。皇帝还小，太后主政，正是需要您这样老成持重的人才为国分忧的时候啊！太皇太后自然也希望把司马光留下来巩固朝政，于是司马光就这样回到了权力中心。

司马光回来之后提出的第一个建议是广开言路，这个建议提得相当冠冕堂皇——自古以来新皇登基，为了表示自己是个明君大多都要玩这么一手。不过依然占据着大宋朝廷里各个要害位置的新党们表示，都是千年的狐狸，您跟我玩什么聊斋啊！不就是要借着广开言路的机会攻击新党么？行，听您的，咱们广开言路！不过广开言路的时候，要是有人别有用心，胡说八道，甚至是搞人身攻击，那是不是也得小小惩治一下？于是还没等司马光反应过来，新党就找了个借口把首先蹦出来上书言事的几个愣头青给处分了，给所有跃跃欲试的保守派玩了一手杀鸡儆猴。

这下保守派们都沉默了——这还怎么搞？人家嘴大咱们嘴小，这上书言事就是送人头啊。司马光极其愤怒地找到高太后：这么搞谁还敢上书言事？我跟你讲，所有限制必须马上取消，让大家畅所欲言！要是连这点事您都答应不了，那我干脆就不干了！

高太后一看，这不行啊，我还指望着你帮我稳定政局呢。这说不干就不干了算怎么回事啊！这样，不就是一个畅所欲言么？我答应你！

于是朝廷再下通知：大家想说什么就说什么吧！这次不会再有人因言获罪啦！

广开言路、诏求直言，这只是保守派卷土重来的开胃菜。司马光明确认识到自己年事已高，现在朝廷上下的要害部门都由新党把持，保守派势力太弱。如果通过正常的渠道与改革派进行权力斗争，必然旷日持久，胜负难料。因此，最好的办法就是全面控制台谏系统，用舆论迅速把改革派和他们的新法搞倒，让他们永不翻身！

因此，以司马光为首的保守派团结在一起，向朝廷提出建议：新皇刚登基，光是畅所欲言那怎么够？还得选拔贤良仗义执言啊！您看我这里有些官员，当年都是因为反对新法被贬了，个个都是朝廷栋梁，不如咱们把这些人都召回来加以重用吧！

这么一通折腾下来，保守派在朝中的势力大大增强，改革派则逐渐被压制了下去。然而新党自然也不甘心就这么被搞下去，终于两方的冲突爆发了。

冲突是从高太后这里爆发的，这位老太太当年就是变法的强力反对者。这事要细说，还得从赵匡胤那时候说起，赵匡胤杯酒释兵权以后，对手下大将们许以金银财宝、良田美宅。为了安抚这些人，又跟他们约为世代姻亲，北宋中前期的皇后基本都出自这些将门，高太后也不例外。所以，高太后天然就是变法的反对者，对司马光这些保守派怎么看怎么顺眼。而保守派决定加强对台谏系统进行控制后，很快就提出了把自己人安插进台谏系统的构想。咱们熟悉的苏轼的弟弟苏辙，就被推荐为右司谏，而范仲淹的儿子范纯仁则被推荐为左谏议大夫。高太后对这事并没有什么意见，但问题在于大宋朝的官员选拔是有规章制度的，尤其是谏官这种性质特殊的官员，不是你说用谁就用谁的。

于是高太后犯难了。怎么办呢？先试探试探吧！于是她跟执政班子说了这事，说你们看我这里有五个人，想让他们做谏官，合适不？

知枢密院事章惇站出来了：不合适，谏官从来都是两制官推荐以后由宰执共同决定的，我们现在都不知道这事，这什么意思啊？我估计这些人肯定是您身边这些太监内侍推荐的，您可千万别听他们瞎推荐啊。

高太后说你别乱讲啊，这可不是我身边的人推荐的，都是正经大臣推荐的。

章惇说呵呵，正经大臣？那让他自己站出来推荐啊！偷鸡摸狗的，这里有事吧？

保守派没招了——司马光和吕公著等人跟他们力推的谏官之间都有点亲戚关系，按照规矩妥妥糊弄不过去。于是司马光一发狠——哎，章惇，我们推荐这些人真是出于公心，要不然我退休回家，给他们个机会行不行？

不行！章惇义正词严地给司马光上了一课：君实，你也是朝廷老臣了，原则你比我清楚。现在太后和皇上英明，你推荐的人也都是好人，可这个先例一开，以后有人仿照此例胡搞乱搞怎么办？到时候咱们不就成了大宋的罪人么？所以千万不能这么干啊……

好好好，你有理！咱们走着瞧！

谏官这事虽然没成，但是之前进言的事情却是形势大好。司马光把有利于改革派的上书都扔了，筛选出一大堆反对变法的札子，完美地营造出一种“大家都反对变法”的气氛来。保守派充分利用这种氛围，对改革派进行了各种人身攻击，什么宰相蔡确祭奠神宗的时候不够恭敬，什么章惇等人大逆不道准备干掉太皇太后，罪名一个比一个耸人听闻。两派斗争已经到了白热化的地步。

改革派自然不肯坐以待毙，他们抛出了论语里“三年无改于父道”的古训来作为防守的武器——神宗皇帝刚没，你们就把新法废掉，你们这是让小皇帝不遵孝道，你们懂不懂？

司马光一乐：你们自重啊，现在主政的可是太皇太后——神宗他妈！这可不叫子改父，这叫母改子！

结果最倒霉的是，就在保守派的攻势一波猛过一波的时候，天下大旱了……保守派们简直是喜出望外：这是老天爷送上来的助攻啊！于是新一波迅猛攻势展开了，保守派指出，现在天下大旱，完全是因为宰相蔡确等人不干正事，新法荼毒百姓，天心震怒！所以必须马上废除新法，罢免宰相！

于是元祐元年（1086年）春，保守派终于在朝堂之上压倒了改革派。蔡确、章惇都被罢免了宰执之位，赶出京城，而新法也被一个个废掉。以司马光为首的保守派开始了全面清算，司马光甚至将当时还没被废掉的青苗法、免役法、将官法与西夏边衅并称为“四害”，喊出了“四害不除，我死不瞑目”的口号。

在这种情况下，司马光开始以一种近乎狂热的情绪推进废法工作的开展。这种态度也引起了保守派内部一些人的不满，他们觉得司马相公你是不是有点操之过急了？咱们能不能缓一缓，仔细讨论讨论再着手废法啊？

缓？要是平时，缓自然是没问题的，司马光已经在洛阳缓了十五年，也不在乎多缓个一年半载的。然而这次重返开封后，司马光的身体就江河日下，赶走了蔡确等人以后他的病情日趋加重。谁也不知道司马光还有多少时间能实现自己的理想了。所以，现在司马光是一时一刻也不想缓了。

在这种情况下，保守派内部也开始产生分歧。

比如大家都很熟悉的大胡子苏轼，他就提出免役法和差役法各有利弊，咱们能不能全面考虑一下，从长计议？司马光则十分强硬地表示没什么可考虑的，必须马上废除！俩人一度吵到不可开交。苏轼说，司马相公你这是“王八打拳——瞎划拉”，你知道不知道？司马光是个十分古板的老头子，听到这话不由得一愣，瞎扯，王八怎么打拳？苏轼说，我告诉你，你现在这么胡搅蛮缠就是王八打拳！

然而胳膊拧不过大腿，在司马光的强力推进下，废除免役法的诏书还是被颁发了下去。司马光给出了一个短到让人瞠目结舌的期限：五天！

五天全面废除免役法！这是一个不可能完成的任务，大家都觉得这次司马光肯定要踢到钢板了——咱们大宋的行政效率，什么时候高到五天恢复差役制度的程度了？

结果让大家眼镜碎一地的事情发生了，五天以后，开封府来报：开封地区的免役法已经全面废除！

司马光老怀大慰：这知开封府的是个人才啊！人才啊！你们看看人家，再看看自己，都像人家这么高效，咱们大宋什么事干不成！

这位知开封府是熙宁三年的进士，书法号称冠绝一时，鲜有俦匹，姓蔡，名京，字符长。之后我们还会一次又一次见到他的名字。蔡京曾攀附于改革派门下，这次见保守派势大，想趁机改换门庭。不过，这次投机并未使蔡京获得他梦寐以求的进身之阶，反倒让他得罪了一堆人——大家五天都搞不定这事，怎么就你这么有能耐？一看就是个小人！结果挨了台谏官的参，被调出了京城。

在江宁闲居的王安石这时终于撒手人寰，他临死都不敢相信司马光会做得这么绝。而司马光则已经完全走火入魔，其所作所为完全是以反对熙宁变法为出发点，全面彻底，甚至要把神宗千辛万苦打下来的部分领土还给西夏！对改革派的迫害也愈演愈烈，竟然有要将这群人赶尽杀绝的意思。

要知道在北宋官场上，大臣起起落落实在是再正常不过，许多宰相都是三起三落，甚至四起四落。但毕竟是皇帝与士大夫共治天下，你今天把自己的政敌都赶尽杀绝了，明天万一再有政治斗争，别人也对你下死手怎么办？所以，大家也觉得司马光这么搞有点太过火了。范纯仁就站了出来，说这已全赶出京城了，还想咋的，你们差不多得了。高太后琢磨了一下，觉得确实有点过了，干脆下了一道旨意，要求台谏官们别再追究跟变法相关的这些人了。结果谏官们不干了——那怎么能行，得讲原则啊！

司马光的身体此时已经到了崩溃的边缘。在王安石死后五个月，司马光也撒手人寰。百姓为之痛哭流涕，自发祭奠这位司马相公。平心而论，司马光这个人的人品是没的挑，身居高位却时刻以社稷为重，思想保守传统，一生与夫人相守相伴，就是算没有子嗣也只是过继了一个儿子，没有纳妾。更不要提这位司马相公清正廉洁、操守极佳，妻子死的时候连发送的钱都掏不出来，不得不把自己名下仅有的几亩地卖掉，典地葬妻。然而这种保守古板的性格却让他在变法这事上成了坚定的反对派。他生命中最后的时光全都用在了如何废掉新法、恢复旧制上。

司马光死后，保守派忽然发现没人能成为他那样的核心人物！保守派本来就是因为改革派才凝聚到一起的。现在改革派被驱逐殆尽，新法又基本全被废掉，保守派们就陷入了一个尴尬的境地——他们废掉新法后，提不出更好的改革方案！

这就很尴尬了，大家都知道新法是因为宋朝前期的政策有问题，积贫积弱最后导致社会矛盾激化才提出来的。而变法之初确实取得了不错的成效，那现在全面废除了新法，岂不是又回到了最初的状况？难道就看着大宋再次陷入积贫积弱的深渊直到玩儿完？

司马光还没有提出这个问题就一命呜呼了，到死他也没提出一个新的完善的纲领来把保守派的思想统一起来。因此，他死后保守派们马上分裂，各自为政，分别提出了自己的治国主张。结果由于缺乏核心人物，大家谁也说服不了谁。最后，吵来吵去的保守派只在一件事上达成了共识——咱们一定要继续打击改革派，千万别让他们卷土重来！

大打出手：愈演愈烈的党争！

于是变法派们发现自己的日子越来越难过。比如说吕惠卿，这位当初本来是在改革派内斗中失败被贬出京城的，按理来说“敌人的敌人就是朋友”，应该属于可以争取的那一类人。然而保守派却认为他当初在改革派中身居高位，咱们得继续打击他！于是将这位一贬再贬，搞得吕惠卿最后连凉水都不敢喝——怕喝了后闹肚子被说成是对朝廷不满。再比如说蔡确，这哥们儿被贬外地后为了排解郁闷的心情，没事就溜达溜达写写诗。结果保守派一看你还敢写诗？我让你写！于是将蔡确在车盖亭游玩时所做的十首绝句捕风捉影，恶意标注，然后上报给太皇太后，哎呀，您看这个蔡确，他写诗讥讽您！把您比作武则天！

哎，你这也太捕风捉影了吧。

那个，太皇太后，蔡确还说自己是当年皇上继位的定策大臣来着……

什么？

这下高太后可坐不住了。定策大臣？蔡确念叨这事干吗？跟皇上表忠心么？要知道，高太后在哲宗继位这事上可是很暧昧的。将来万一有人拿着蔡确定策这事胡说八道，说什么自己就是因为嫉恨蔡确定策拥立哲宗，才对他进行打击报复，自己怎么办？

不行，必须弄死蔡确！

高太后盛怒之下，一道旨意就把蔡确丢到岭南的新州去了，一群改革派人物也跟着倒霉被贬。这下大家都毛骨悚然了——岭南啊，我的天，咱们大宋搞内斗得有七八十年没把人贬到那地方去了吧？那地方去了就不一定回得来，这个头一开，咱们以后也落个同样的下场可咋办？

于是，后怕的保守派开始反过来替蔡确求情，范纯仁等人找到太皇太后：您看是不是换个地方？就连刘挚——这哥们儿在元丰八年到元祐初年的时候一直在御史台工作，在蔡确下台的过程中起到了重要作用，翻开《续资治通鉴长编》会发现差不多半卷书里这位都在疯狂上疏攻击改革派——也出面求情。然而战争在你想开始的时候开始，却不在你想结束的时候结束，高太后明确表示：山可移，此州不可移！

蔡确打包行李上了路，从此再不敢提笔写诗。这位一朝宰相上路的时候身边只剩下一位名为琵琶的小妾与一只鹦鹉相随。幸好鹦鹉聪慧，琵琶温柔，每次想要呼唤琵琶的时候，蔡确只要轻轻敲一下桌边的小钟，鹦鹉听到后就会大叫“琵琶姐”，倒也别有一番乐趣。

然而到岭南后不久，琵琶受瘴而死，只剩下蔡确与鹦鹉相依为命了。

强忍悲痛的蔡确自此不再敲钟，只想忍耐下去了此残生。不料某日不小心碰响了小钟，鹦鹉不明就里大叫“琵琶姐”。这下蔡确再也受不了了，提笔成诗：“鹦鹉声犹在，琵琶事已非。伤心江汉水，同去不同归。”然后郁郁而终。

一朝宰相被文字狱搞到贬官致死，朝野震动。

保守派这下沉默了——事情闹大了啊。

改革派也流泪了——别人搞政治斗争要权，你们这是要命啊！

然而高太后却不以为然——活该！作为一朝太皇太后，她自然不用担心自己以后被打击报复。就算日后哲宗亲政，难道还会把自己奶奶的坟给掘了？她甚至喜出望外地对保守派一番夸奖：你们这事办得好，有功！

保守派自然是哭笑不得，可惜大错已经铸成，只好一错再错。因此改革派与保守派之间的斗争几乎完全失去了调和的余地。偏偏保守派自己内部还不团结，司马光死后，保守派根据户籍不同大体上分成三个派系：一派是以苏轼、苏辙兄弟为首的蜀党；一派则是以程颐——就是“程门立雪”那个典故里的程颐——为首的洛党；还有一派则是以刘挚等人为首的朔党。

其中，朔党是司马光的嫡系一脉，其成员以台谏系统官员为主，秉承司马光的意志誓死要与改革派战斗到底，属于保守派中的激进派；而蜀党在司马光还在的时候就曾经在差役法上与其进行过激烈的争辩，对新法的抵触情绪并没有朔党那么强烈，属于保守派中的温和派；洛党的诞生则是由于程颐与苏轼之间的意气之争。

苏轼这个人性格比较豪放，用今天的话说，就是“欠”。前文中我们说过他跟司马光争辩的时候，说司马光的论调是“王八拳（鳖厮踢）”，由此可见一斑。苏轼不仅口无遮拦，还特别喜欢给别人起外号，比如司马光就被他起过一个“司马牛”的外号。程颐则是个性格极其严肃的道学先生，最见不得别人跟他嬉皮笑脸。

偏偏苏轼是文坛领袖，程颐又是道学大家，因此元祐初年程颐被召为崇政殿讲读之后，两方拥趸就开始各种明争暗斗。

你程颐不是牛么，有本事写首诗来看看啊？

你苏东坡号称文坛领袖，讲个经来看看啊？

俗话说“文无第一，武无第二”，司马光在的时候还能压得住两个人，等司马光一死，这两人之间的关系很快就恶化了。

司马光死后，朝廷自然是决定大办丧事，于是程颐就被钦点为丧事的主持人。结果没两天，朝廷大享明堂。明堂，是中国古代儒家祭天的重要祭祀场所。明堂大礼，实际上就是祭天，跟老天表示一下我现在干得不错。宋朝300年的历史上，明堂大礼也不过举行过48次而已，因此大享明堂必然伴随着大赦天下、大赏群臣。因此，祭祀完事之后，有人提出司马相公没了，咱们最近一直都忙，正好今天有空，不如一起去司马相公府上探望一下？

大家纷纷表示，好啊好啊，同去同去！就在大家准备同去的时候，程颐跳了出来：诸位且慢，你们还是别去的好。

为什么呢？程颐说，你们读过论语，孔子"于是日哭则不歌"，懂么？就是说孔老夫子哪天参加了丧事就不再欢唱了。你们这些人刚从明堂有说有笑回来，就去人家司马相公府上，合适么？

大家说，不至于吧，哪有那么严重！再说细究起来，夫子是先参加的丧事，咱们是先去明堂再去司马相公府上探望，这两件事不一样嘛。

苏轼这时候嘿嘿一笑说，老程，你可真是"鏖糟陂里叔孙通"啊！

叔孙通是汉代定礼法的太常，可问题的关键在于"鏖糟陂里"四个字。鏖糟即肮脏之意，而鏖糟陂是开封城外西南十五里的一个地名，向来以脏乱差闻名。这个说法就好像是有人以唱歌著称，你却偏偏要叫他"下水道歌星"一样。

这下梁子结大了。程颐将此视为奇耻大辱，其门人弟子自然也不肯善罢甘休。偏偏苏东坡这人不拘小节，因此身上的把柄也就特别多。于是，程门弟子前仆后继地对苏东坡展开了攻击：什么苏东坡在科举考试出题时候影射先帝讽刺本朝啦，什么苏东坡在先帝去世时写诗表达喜悦心情啦，总之一句话，就是要把苏轼搞倒！

一般来说，在这种猛烈的攻势下，一般人早就投降认输了。然而苏轼竟然挺了过来，雪花般的奏折送到高太后面前又被压了下来。

一点用也没有！

原因很简单，苏轼上面有人。

这个人就是高太后。

高太后在这次风波中表现出了前所未有的坚定态度——凭什么批苏轼啊？哀家觉得他没毛病！你们不要听风就是雨，总想搞个大新闻，不然将来出了偏差，你们也是有责任的！

苏轼的文采向来受神宗皇帝喜爱，高太后对苏轼也是爱护有加。因此，虽然洛党来势汹汹，朔党也在一旁煽风点火，苏轼的地位却是稳中有升。与此形成鲜明对比的是老学究程颐——这哥们儿终于因为经常性在高太后与皇帝面前指手画脚立规矩而同时惹火了太后和皇帝，被调离了京城。

不过，苏轼此时也发现了自己的一大弱点，那就是自己跟苏辙亲为兄弟，却同时身居高位，很容易就成为别人攻讦的靶子！于是，元祐四年苏轼果断自请外放，远离了汴梁这块是非之地，苏辙则在苏轼走后步步高升。

苏轼对局势的判断是极为准确的。元祐六年，在高太后的一再坚持下，苏轼又被调回朝中，然而对他的攻击来得甚至比上一次还要猛烈。结果不到一年，苏轼只好再次离开中央。

其实苏轼的离开并非偶然。整个元祐年间，保守派彼此互相猜忌攻讦、混战不休，已经成为当时北宋政坛上的一种常态。保守派除了在打击改革派、恢复旧法与不断增发官员福利这三件事上能够达成一致外，几乎在所有的事情上都没法达成一致。高太后对此事表示无所谓——反正这天下也不是我们老高家的，我只要保证朝政稳定不出大问题就好，这些大臣们斗来斗去正好互相制衡。大家似乎都有意无意地忽视了大宋真正的统治者。

小皇帝赵煦表示自己很不爽。

这种不爽一方面来自于自己的奶奶。高太后垂帘之初表示，哎呀，哀家年纪大了，根本就对政事毫无兴趣好么！大臣们表示，哎呀，太皇太后，现在大宋就缺您这么一位经验丰富资历深厚的掌舵人，您就千万不要推辞了！高太后表示，那真没办法，只好勉为其难垂帘听政吧，等皇帝年纪一大就让他亲政。

结果一眨眼，哲宗十七岁了，亲政的事连个影子都没有。高太后自己不提，大臣们也装聋作哑不提这事。哲宗表示，人与人之间的信任呢？说好的你对政事没兴趣、生性喜静呢？

更让哲宗没法忍的是，高太后不仅对自己管教得极为严格，对哲宗的生母朱氏也是一再打压。这个倒好理解，如果朱氏被封为太后的话，那么作为皇帝的生母，朱氏自然名义上也拥有了垂帘听政的权力，届时高太后手中的权力就要受到威胁。因此，高太后对朱氏始终都很苛刻。

高太后自己也意识到了这个问题。她发现哲宗这孩子怎么在上朝的时候一声不吭啊？这孩子，国家大事看了这么多，你倒是吭个声啊？哲宗表示呵呵，这些大臣奏事的时候，我都看不着正脸，您老人家三下五除二就都处理完了，我吭什么声？大喊一嗓子太皇太后说的对？

完了！高太后意识到自己跟孙子之间的隔阂看来是没法弥补了。而哲宗表现出来的对神宗皇帝的思念与赞同则让高太后与全体保守派都不寒而栗——这孩子这么推崇他爸爸，以后怕不是要走变法的老路啊！

于是，越担心高太后就越不敢让哲宗亲政，提心吊胆的大臣们也装作哲宗好像还是个小孩子，绝口不提此事。而他们越是这样，哲宗心里的火就烧得越旺……

然而天下没有万寿无疆之人，元祐八年，太皇太后高氏因病逝世。这位守寡近三十年的政治女强人终于不用再为大宋的天下操心了。大宋的最高权力又一次从垂帘的太后手中转移到年轻的皇帝手上。

18 岁的宋哲宗终于开始亲政。

新一轮改革重启：绍圣绍述

哲宗等这一天已经等了很久了。太皇太后是他的奶奶，两朝垂帘听政，稍有不慎就可能是一个万劫不复的局面，因此他只能以沉默来表达自己的态度。最初，高太后还挺纳闷，觉得这孩子怎么这么闷啊！每天大臣奏事就在旁边闷头一听，也不发表个意见。结果后来一问，哲宗冒出来一句：奶奶你不都处理完了吗，我还说啥？高太后转念一想：这怕是对我的施政理念不满啊！

不过，高太后心里是有底的——我是你奶奶，以后你还能把我怎么样？而且高太后虽然贪恋权位了一点，却特别注意自己的亲族问题，对高家人绝无过分恩宠。老太太心里的如意算盘打得很响：我们老高家人也没什么把柄，最多你以后亲政了再学你爹搞变法呗。反正这天下也不是我老高家的，我维持个稳定太平就完事了，剩下的你自己折腾吧。

然而，保守派的大臣们就没办法这么乐观了，大家从各种渠道了解的信息都是皇上极其推崇先皇的那一套——据宫中可靠小道消息，皇上连神宗皇帝以前留下的旧椅子都不肯扔！这说明什么？这显然说明皇上上台以后咱们这群人就完蛋了啊！

高太后对这事自然是心知肚明的。她死前就多次劝诫保守派大臣要做好准备，不行赶紧自己外放吧。随着高太后的身体一天不如一天，哲宗皇帝也开始在不同场合表现出不同程度的逆反作风。一些心思活络的保守派于是开始准备给自己找后路了，准备外放州郡，远离汴梁这个是非之地。

只不过他们都远远低估了变法派卷土重来的力度。

哲宗亲政之后，首先明确向大臣们表达了自己对太皇太后的不满——奶奶垂帘听政的时候，我只能看见她的背影，一点自己的主张都不能提！大臣们自然明白皇帝这话是什么意思，因此踊跃开始对高太后时期的各种做法进行批评。偏偏倒霉的是，保守派这些年忙着与人斗其乐无穷，大宋朝被搞得一塌糊涂，财政上入不敷出，军事上拱手送地，要多窝囊就有多窝囊，现在想搞点拿得出手的东西证明自己其实也不错都做不到。眼瞅着只要有一根导火索，改革派这些年被压制的怒火就会把保守派们全都崩到天上去。

谁也没想到，点燃这根导火索的竟然是一位名为杨畏的御史。

御史台表示我们中出了一个叛徒。

杨畏曾经在吕大防与刘挚间的斗争中出过力，为吕大防提供了很大的支持。然而令人意想不到的是，他却趁着吕大防为高太后山陵出京的机会向哲宗上疏，指出当年神宗皇帝的政策好得不得了，皇上您可千万要继承爸爸的遗志啊！

宋哲宗赶紧把杨畏召上殿来：那你讲讲，我要继承我爸爸的遗志，前朝哪些人比较好用啊？

哎呀皇上，那可太多了，你看什么章惇、吕惠卿、邓温伯，那都是神宗皇帝在位时的股肱之臣啊！

好！给这些人都召回来！

接下来的事情可以说是元丰八年的一个翻版，只不过那时候被赶下台的都是改革派，而这次被赶下台的则是保守派。保守派眼睁睁看着变法派的旧人一个个走到台前，从地方起复回到中央，却无能为力。终于，在元祐九年的殿试中，变法派通过全面否定认同元祐更化政策的学子、录用支持变法士人的法子，向人们宣告了又一次重大政治转向的来临。

实际上保守派也并非完全没有机会。在改革派全面反攻之前，哲宗也曾试探性地向范纯仁等人递出橄榄枝，想看看他们是否能够站在自己这边。也许哲宗以为范纯仁、苏轼等人曾在全面废除新法的问题上与司马光发生过激烈的争执，或许他们能在这个关键时刻选择辅佐自己全面起复新法。但事实却证明了世界上只有背叛阶级利益的个人，没有背叛阶级利益的阶级，整个保守派不可能用损害自己切身利益的方法来弥补自己与皇帝之间的裂痕。范纯仁在哲宗向他询问神宗青苗法施政情况时义正词严地将王安石的新法又大肆批判了一番。这让哲宗彻底意识到自己与保守派之间是没法达成妥协了。

既然没法妥协，那就开战吧。

保守派自然不甘心坐以待毙，苏辙还对哲宗抱有一丝希望，想劝劝皇上。说皇上你看看这事，我怎么觉得好像是要全面回到熙宁那时候的意思呢？您这么英明神武，那必须是没这个打算的，不过可能有小人挑拨离间，跟您讲什么子承父业之类的歪理。我跟您讲那都是胡扯，您看汉昭帝做了皇帝以后把他爹汉武帝时候的一些错误政策给改了，千古佳话啊！这都是活生生的例子，您可千万把握住方向哈。

哲宗一听就火了。

哦，我是汉昭帝？那我爸爸是汉武帝了呗？那感情就是说我爸爸跟汉武帝晚年似的，穷兵黩武、搞盐铁法、均输法外带大修楼阁，弄得民不聊生了呗？苏辙，你好大的胆子！

盛怒之下的哲宗在殿上就拍了桌子，气氛一度十分紧张。范纯仁赶紧出来打圆场，说哎呀皇上您看汉武帝史书上的评价都是雄才大略，那妥妥的是一代明君啊。苏辙那是夸先皇呢，您可千万别动气啊。再说您就算生气也悠着点啊，这苏辙是副相啊，又不是个仆人，您差不多得了。

副相？行，副相别干了，知汝州去吧！

于是，苏辙被果断地贬出了京城，拉开了保守派被贬的序幕。紧接着，吕大防、范纯仁这些保守派中的骨干力量被纷纷贬斥外放。在元祐元年被贬的章惇则入朝拜相，哲宗下旨改元“绍圣”——绍是继承的意思，而圣自然就是神宗皇帝了。

章惇上台之后的任务十分简单：首先按照神宗时候的变法把废掉的新法再重新施行下去，然后对保守派进行全面的反击和清算！

所谓风水轮流转，几年前保守派做过什么，大家可都还没忘呢。蔡确是怎么死的？被你们逼死的！你们下黑手的时候，可曾想过有这一天么？

当然想到过了，当初蔡确被贬岭南的时候，范纯仁就跟吕大防说，这个先例一开，以后咱们搞不好也得落个这样的下场。事实证明，范纯仁的论断极其正确。元祐年间呼风唤雨的保守派们接二连三被贬官外放。章惇等人充分吸取了当初保守派的“优良作风”，隔三岔五就翻出点陈年旧账对这些元祐旧党进行追加打击。吕大防、刘挚等人不是在岭南被贬死，就是在去岭南的路上被贬死。然而改革派觉得这样还不过瘾，像司马光、吕公著这种“罪大恶极、十恶不赦的奸邪小人”已经死了怎么办？难道就这么放过他们了？

那当然不行啊！死后追贬！株连后代！把当年赐给这些奸臣的石碑牌匾都追缴回来！

事情此时已经完全失控，章惇甚至摩拳擦掌准备给司马光他俩来个挖坟掘墓。尚存一丝理智的哲宗及时制止了这种做法——咱们差不多得了，多大的仇还挖坟掘墓啊？

行，那咱们就不挖坟掘墓了！不过改革派并没有就此收手，要知道元祐旧党虽然都被收拾了，但当年支持这些人胡搞乱搞的罪魁祸首可还没被清算呢！

绍圣四年，清算的野火终于烧到宋哲宗的奶奶，太皇太后高氏的头上。

改革派十分清醒地认识到只要自己扳倒了这位保守派真正的主心骨，以后就永远都不用再担心保守派会卷土重来了。然而章惇他们也明白，想要把太皇太后搞倒，必须有一个更有说服力的罪名来打动哲宗皇帝。

这个罪名必须也只能够是废立之谋了。

绍圣四年，章惇将邢恕提拔为御史中丞。邢恕曾是蔡确的亲信，一贯善于耍弄权术。在邢恕的计划下，一口巨大的黑锅开始向高太后的坟头扣了过去。

首先，邢恕怂恿高士京进言邀功：我爸临死前悄悄跟我说过，神宗皇帝病危的时候，王珪曾经派人来问我爸太后准备立谁为皇帝！被我那讲正气讲原则的老爸果断给怒斥了！

这话表面上是在为自己的父亲邀功，实际上则是在告诉哲宗皇帝：当年朝廷里可是颇有一些人不希望你继承大统的。而哲宗皇帝与高太后之间的关系一向糟糕，他早就怀疑高太后曾经可能动过废立之心。高士京的举动证实了他的担心——这可是他们老高家自己人说的话啊！那还假的了？

然而只有这模糊的一句话是不够的，接下来邢恕要做的就是把这事坐实。在他的怂恿下，蔡确之子蔡渭——顺便一提，这哥们儿也是蔡京的女婿，蔡京则在绍圣初年回到朝廷，凭借着自己过人的才智，已经成为章惇恢复变法的重要助手——向朝廷检举揭发，声称文彦博之子文及甫曾在元祐年间给邢恕写过一封信，信中有“司马昭之心，路人所知，又济之以粉昆，朋类错立，欲以眇躬为甘心快意之地”的话！

司马昭之心，大家都明白是怎么回事。而“眇躬”这个词也不是随便乱用的，它是帝王专门用来自谦的一种称呼。这算什么？这妥妥的是有人图谋不轨啊！

于是，文及甫被迅速捉拿进京。朝廷成立了专案组，由蔡京等人负责，在同文馆——这里本是专门用来接待高丽等国来使的驿馆，不过由于山高水远，一年也未必来得了一次，所以经常性空置，因此就被临时征用——

展开了调查工作。

信自然是有的，而在蔡京等人耐心细致的工作下，文及甫提高了认识，转变了思想，不仅一口咬定这封信中所说的“司马昭、粉昆”指的就是刘挚等一票保守派干将，甚至连文彦博临终前曾言之凿凿跟自己说过刘挚等人试图图谋不轨、另立新君的事都回想起来了。

然而就凭这近似胡说八道的口供与含糊不清的信件，想把谋反这事坐实还是太牵强了。不过也没关系，咱们还可以把刘挚等人抓回来继续审问嘛！顺藤摸瓜，总能摸到高太后身上。结果就在这个节骨眼上，文及甫供出来的几个罪魁祸首竟然都死了！

死得太是时候了，这下彻底死无对证了。邢恕这回就算有通天的本事，也没法从死人身上再把事情扯到高太后身上了。然而这下事情就很尴尬了，改革派大动干戈搞出了同文馆之狱这么个大新闻，最后竟然什么真凭实据都没找到！最重要的是，竟然一点都没牵扯到高太后身上，这还怎么继续往下玩儿？不行！还得想办法！一定得让这火烧到高太后身上！

世上就怕认真，在蔡京等人的不懈努力下，事情终于出现了转机：高太后是个女人，她不可能有事没事就亲自跟保守派的这些个大臣们坐到一起密谋废立之事吧？肯定得有内侍参与其中啊！那找到当时掌权的内侍，这事不就好办了么？

这个思路简直正确无比，要知道当时的掌权太监大多是跟了高太后十几年、甚至几十年的死忠，平时对哲宗皇帝的态度就相当冷淡。而哲宗亲政以后也用贬官、流放等方式生动地告诉了这些人什么叫“今天你对我爱搭不理，明天我让你高攀不起。”因此，这个思路被确立下来后，这些人被杀的杀、抓的抓。蔡京等人对抓回京城的太监各种威逼利诱、严刑拷打，目的只有一个：交代太皇太后高氏的废立阴谋！

然而出人意料的事情发生了，无论他们怎么威逼利诱，始终都没法得到诬陷太皇太后的供词。被大刑伺候的太监们表现出了超越常人的忠贞之心，这让章惇等人感到十分棘手。最后大家一合计：算了，既然找不到真凭实据，但总有种种迹象和苗头指向“太皇太后曾试图对哲宗不利”这事吧？凭这事，足够废掉太皇太后的封号了！

哲宗在这个事情上是有些犹豫的，情感上他倾向于认同章惇等人的做法，然而理智告诉他这事也太儿戏了。靠着这些含糊不清的证据，就要追废自己奶奶的封号，实在是有点说不过去。就在他犹豫的时候，依然健在的向太后与哲宗的生母朱妃闻讯阻止了事情的进一步发展。在后宫的阻挠下，此事终于告一段落，高太后的封号总算是保住了。

实际上平心而论，改革派不同于保守派，在军政大事上还是很有一番作为的。这可能也是哲宗所以容忍他们一再扩大党争范围的原因之一。然而，这实际上也有元祐更化的一点功劳在里面，经过元祐更化的政策反复之后，改革派对与熙丰新法中存在的问题也看得更清楚了。于是，在恢复熙丰新法的时候，大家对新法中存在的问题进行了不少改进。虽然章惇作为改革派的代表人物曾经提出主张：“神宗皇帝做出的决策，我们坚决维护；神宗皇帝的新法，我们始终不渝遵循。”然而曾布等改革派的主要力量在实际操作过程中，始终秉承实事求是的态度，对此据理力争，最终使哲宗在恢复变法的事情上做出“按照熙丰新法的大概意思施行即可”这么个指示。

在军事方面，改革派取得的成绩就更为耀眼了。

平夏：宋夏战争的转折点

之前咱们提过，司马光这帮人为了否定熙宁变法，甚至打算把神宗千辛万苦才打下来的一点地方送还给西夏。司马光指出，咱们大宋泱泱天朝，那得有大国气度啊！西北边境上那么一点地盘争来抢去的，搞得人头滚滚死伤惨重，这多不和谐？不就是一点地盘么，咱们送给它！用爱感化它！

保守派们为司马光的言论纷纷点赞，比如苏辙就表示你千辛万苦搞下兰州，人家西夏能不打你么？咱们大宋立国的时候本来也没有这块地方，现在给了西夏换个和平有什么不好！君子取大义舍小利，给点地方，吃点小亏，换来的是和平啊！

在这种匪夷所思的氛围下，大宋的最高决策层不断自我突破，到最后不仅割地之事成了定局，连割让的地界都一扩再扩。文彦博甚至提出了放弃整个熙河路的建议！要知道，这可不是一州一县，而是整整一路啊！幸好保守派们还是残存了一点理智，文彦博的建议最终没能通过。大家最后的决定是，以交换永乐城之战中失陷的人口子民的名义，割让米脂、浮图、葭芦、安疆四寨。

大宋的慷慨深深震惊了西夏人——这也太大方了！世界上还有这种

事？这肯定是大宋不行了，所以不敢跟咱们打了啊！那还犹豫什么，上吧！

结果是相当出乎意料的，经过了熙丰年间一系列血战的西北军终于成长为一支劲旅，西夏的连番进攻竟然大多无功而返。但边境上的胜利并没能改变朝中大佬们的想法，相反保守派对此大为不满，表示你们这么干，简直让友邦人士莫名惊诧，长此以往，国将不国！保守派们表示，大宋的将领和士卒必须严肃纪律，整顿作风！主动出击什么的，想都不要想！有敢主动出击的，回来我们一定收拾他！

这种光挨打却不许还手的反人类局面终于在绍圣之后得到了改善。随着改革派对保守派的全面反攻，像弃地求和这种事情理所当然作为保守派倒行逆施的罪证被拉出来狠狠批了一番。在哲宗与改革派的推动下，对夏战争又一次被提上了日程！

这次大宋终于清醒意识到了西北战争的主要问题：既然我的国力可以碾压你，那我为什么非要跟你野战？我步步为营，修城筑寨，一点点蚕食你不就完了么！再说你西夏的耕地数量有限，我每次派个三五千人到你那里转上十天半个月，专门打游击破坏生产，杀伤你的有生力量，你西夏有多少本钱能跟我耗下去？

提出这种“浅攻”战术的将领名叫章楶，乃是西北的主将之一，也是朝中主事大佬章惇的堂兄。因此，大宋上下很快形成了统一的战略构想，开始在边境上步步为营向西夏境内不断蚕食。西夏人的进攻则被接连打退，胜利的天平终于开始向大宋倾斜了！

西夏人觉得这么搞下去肯定不行，你们不正经打仗，专门琢磨怎么修城，算什么英雄好汉？再让你们修下去就修到我家里来了，于是元符元年（1098年），西夏人为了扭转劣势，决定孤注一掷，倾全国之力拔掉大宋在边境上修筑的最重要的一座城池——平夏城。

这座城池修筑于绍圣四年，章楶为了修筑这座城池可谓费尽心机。他动用了兵夫七十余万，在边境上发动了一系列用于牵制西夏人的攻势，最终在好水河以南花了二十二天筑起了这座城池。这座城池牢牢钉在了西北战场的中心。宋军从此在前线获得了一个重要的战略支撑点，不仅围着平夏城大兴土木，修城建寨，更频频出击深入西夏内地进行突袭。而西夏人此前对这座城池的进攻都以大败告终。

十月，西夏人倾巢而出，三十万大军号称百万，围攻平夏城。

西夏人这次可谓是倾巢出动，随军的不仅有小梁太后，还有她的傀儡儿子夏崇宗李干顺。之前跟着小梁太后一起南征北战的梁乙逋，在前几年因为谋朝篡位失败被小梁太后干掉了。干掉梁乙逋之后的小梁太后深感自己作为一个女人，连自己的哥哥都在打这个皇位的主意，真是无比心累。为了维持自己的权威，她只能一次又一次地向大宋发动攻势，试图用军事上的胜利来震慑身边虎视眈眈的皇亲国戚们。可问题是偏偏大宋这几年换了套路，她连能拿得出手的军事胜利也没有了！

于是，这次来到平夏城边的小梁太后是真的抱定了破釜沉舟的决心。她发誓一定要用一场辉煌的胜利，彻底铲平大宋的野心，继续自己的统治。

于是西夏猛攻，平夏城岿然不动。

西夏试图引诱宋军主力出城野战，宋军还是不动。

愤怒的西夏人用上了他们全部的工程学天赋，挖洞、凿墙、云梯无所不用，平夏城还是岿然不动。

西夏人开始慌了——他们没粮食了。由于宋军坚壁清野搞得实在是太好，大军直入的西夏部队打过来之后就没搞到什么像样的补给，平夏城周围的这些城寨又不断派兵四处骚扰。就连老天都在跟西夏人作对：被他们视为撒手锏的高车（一种高度超出城墙的攻城机械，攻城方可以自上而下发动攻击）竟然被不知从哪里来的大风给刮坏了！很快，弹尽粮绝的西夏人绝望地发现自己只剩下逃跑一条路了。

大宋在这次战役中获得的胜利是极其辉煌的：平夏城中的两万人成功牵制住了十倍于己的敌军，使得宋军有机会在西夏人逃跑时对其进行重创。

而章楶也丝毫没有被胜利冲昏头脑，他派人趁机一反“浅攻”的常态，深入敌境对西夏进行了大纵深的突袭！一举拿下了西夏的天都山！

西夏人这次是真的害怕了——再打，再打就灭国了好么！

辽国也看不下去了：这大宋什么时候变得如此勇猛了？不行不行，要是灭了西夏那下一个妥妥的就是我啊！这样吧，我做个和事佬，大家卖我个面子，不要再打了成不？

当然了，小梁太后那是必须死的，辽国派出使者鸩死了小梁太后。夏崇宗开始亲政，上台后第一件事就是清洗国内太后的势力，并向大宋求和。夏崇宗表示，我早就看我妈不顺眼了！咱们不打了，和平！和平行不行？我们西夏人最喜欢和平了！

尝到了甜头的大宋此时自然是不愿意停下来的——开玩笑么？自从太宗灭了北汉以后，我大宋就没这么扬眉吐气过！你说停就停？行！想要和平也好办，咱们以黄河为界和平吧。

西夏人要被逼疯了：要这么说那咱们就只好鱼死网破了，反正都是灭国，我投奔辽国纳土北归，你怕不怕？

哲宗琢磨了一下，觉得自己还是有点怕的。

实际上，北宋此时也已经是强弩之末了，连续的西北用兵虽然成效显著，但是烧钱的效果也同样显著。虽然还不至于出现仁宗末年时期的财政危机，可也是入不敷出了。最后，哲宗综合考虑了一下，决定咱们就先打到这儿吧。反正朕才二十出头，有大把时间能跟你耗下去，还怕有生之年搞不定你个西夏么？

元符二年（1099 年），西夏请罪，还不到二十五岁的宋哲宗过早地迎来了属于自己的辉煌时刻。然而谁也没想到的是，他辉煌将永远留在这一刻。几个月后，元符三年（1100 年）的正月，宋哲宗赵煦竟然因为着凉而病故了！

朝廷一下子陷入混乱之中：这么一个年轻有为的皇帝，说死就死了！虽然说哲宗从小身体就比较虚弱，不过着个凉就病死了未免也太突然了吧！更重要的是，哲宗的儿子早夭，眼下的大宋又陷入了继承人危机！

【第五章】

大河向东流

暗潮汹涌的大宋

早逝的哲宗给大宋留下了一个难题，那就是他还没留下一个合格的继承人，怎么办？

章惇表示，这事好办啊！哲宗不是有个一母同胞的兄弟简王么？就立他得了！

向太后对此表示了反对。

向太后说，你这不对啊，神宗皇帝十四个儿子可有五个还在呢。简王排行第十三，前面还好几个兄长，这要立也得有个长幼顺序。

章惇表示，行啊，那咱们捡年纪大的立——申王年纪最大，立他吧？

向太后说，你能不能正常点？申王眼睛有病，能做皇帝么？这样吧，咱们跳过申王，立端王得了。

章惇对此表示了强烈的反对——端王平时总不干正事，特别不正经，立他当皇帝也太不靠谱了，咱们还是换一个吧！

大家应该注意到了，在整个事件中，哲宗的生母朱氏基本没有表态！这并不完全是因为她特别淡泊名利，很大程度上是因为朱氏直到哲宗死时都没被封为太后！因此，她在这种事情上几乎没有什么发言权，只能眼睁睁看着自己的另一个儿子被人抢走了皇帝的宝座。此时向太后与章惇之间的争执开始变得白热化，两个人谁也没法说服谁。在这个关键的时刻，一个人终结了这场争论。

这个人就是知枢密院事，曾布。

曾布忍章惇已经很久了。章惇这人过于飞扬跋扈，在执政班子里始终压着曾布一头。曾布表示，平时我不如你只能被你压制，现在这种定策的时候你还能压得住我么？章惇我告诉你，你之前从来没跟宰执大臣们商量过继位的问题，现在口口声声端王不能做皇帝，你是不是对太后不满？对皇位有什么不该有的想法？

其实，只要宰执班子达成一致，向太后几乎是没有能力阻止他们的决定的。然而刚愎自用的章惇此时品尝到了自己酿下的苦果，被曾布倒戈一击的他只能默默退下，任由蔡京起草让端王继位的诏书。他同样意识到，刚刚对端王的攻讦很快就会传到这位新任帝王的耳朵里，他的仕途也将岌岌可危了。

元符三年（1110）年元月，赵佶继位，是为宋徽宗。

章惇在徽宗继位的第二年就被弹劾了，贬官到了雷州。向太后在短暂垂帘听政之后将权力交给了徽宗皇帝，徽宗成为新一任的大宋最高领导人。

徽宗表示自己有点烦。

徽宗心烦的原因很简单，保守派跟改革派之间又吵起来了。不过，说来你可能不信，这回先动手的是保守派。

向太后总体而言是偏向保守派的，因此她垂帘听政后自然起用了不少保守派。而徽宗作为向太后极力主张的皇帝人选，自然不会在这种事情上跟向太后唱反调。所以，他尝试着在改革派与保守派之间找一个平衡，让两者能和平共处。为此，他特地把自己的第一个年号设成“建中靖国”——咱们既不走老路，也不走邪路，走大公至正的路！为了表示自己的态度，他特别任命保守派代表、韩琦之子韩忠彦为尚书左仆射兼门下侍郎，改革派代表曾布为尚书右仆射兼中书侍郎。年轻的徽宗满以为自己这样做就能扭转两派之间的分歧。

保守派表示，皇上您搞笑呢？自古正邪不两立啊！我跟您讲，您刚当皇帝这最重要的事就是分清忠奸！您赶紧收拾了改革派那帮小人才是正经事啊！

徽宗觉得自己要烦死了：我想让你们一起建设大宋，结果你们非要分个高低上下，这是多大仇啊？至于么！

保守派不理解的是，他们在徽宗心中的形象正在迅速褪色，改革重新成为徽宗的心头之好。而更糟糕的是，徽宗心中早就有了协助他完成改革大业的人选。

这个人就是蔡京。

蔡京受到徽宗青睐简直是顺理成章的事情：徽宗精于书画，蔡京则是冠绝一时的书法大家。两个人之间早有交往，可谓“文青”惺惺相惜。更不用说蔡京早就搭上了宫中的线，不仅总能适时给徽宗送上各种书画作品，更是对徽宗的思想动态了如指掌。而蔡京搭上的这条线，正是专门负责为徽宗在江南搜集名人字画的——童贯。

建中靖国元年十一月，徽宗宣布改元崇宁。宁，就是熙宁的意思。

保守派们念念不忘的辨别忠奸终于被落实了下来，只不过“忠”“奸”双方跟他们预想的不太一样。而蔡京则登上了相位，开始了自己的表演。自徽宗继位直到他传位于太子赵桓的 26 年里，徽宗皇帝任命了 13 位宰相。蔡京前后是四起四落，足足做了 14 年的宰相，且其中有 13 年是独相！纵观整个北宋，无论从任相时长还是从独相时长上看，他都是当之无愧的北宋第一宰相。而蔡京在位期间的工作说多也多，说少也少，总的来说，他主要作为了三件事：

第一件事就是努力打击保守派，把保守派彻底搞倒！蔡京深刻认识到这些保守派只要有机会就想要翻案，必须把他们的名字刻在耻辱柱上！于是在蔡京的主持下，朝廷不仅对保守派代表人物苏轼、苏辙、秦观等人的文集大肆禁毁，还搞出了一个“元祐奸党碑”，把保守派的名字永远刻在碑上。当然，在打击保守派的过程中偶尔打击一些自己的政敌，那当然也是不可避免的了。

第二件事自然就是坚定不移推进变法了。蔡京明白，变法是个由头，关键问题还在钱上。问题在于变法原有的潜力基本已经挖掘殆尽了，所以想要搞到更多的钱，就需要有更大的权力来不受限制地推动变法。想要获得不受限制的权力，那么就一定要跳出现有的权力结构，所以蔡京效仿王安石的制置三司条例司搞出了一个“讲议司”，直接把所有变法的权力全拿了过来！蔡京大刀阔斧地改革北宋的茶法和盐法，成功搞到了大笔的收入。

第三件事是坚定不移支持童贯在西北拓边。童贯支持蔡京上位以后，蔡京投桃报李，始终坚定支持童贯在西北整军拓边，而童贯也十分给力地取得了一个又一个胜利。不过，这事其实也很正常。哲宗时期宋军已经彻底打垮了西夏，步步为营、浅攻扰耕的战术也已经施行多年了，因此只要不出昏着儿，想在西北失利都比较难。

徽宗表示，自己这个宰相是选对了——又能搞钱，又有政绩，还很让自己省心，真是让人开心得不得了！作为一位著名的多才多艺的文艺青年，徽宗对于自己能有大把时间和金钱用于艺术创作和搞享乐表示欣慰。更糟的是，他不仅沉迷于享乐与奢靡之风，还逐渐迷上了道教，并且坚信自己是神仙转世！

蔡京对于这种事当然是喜闻乐见。皇上越沉迷这些东西，就越需要钱，越需要钱，就越需要我。因此蔡京果断进行推波助澜，徽宗则开始大兴土木，修筑宫殿。为了搜集各种奇花异石，徽宗让人在苏州专门成立了一个应奉局，负责供应“花石纲”。

所谓“纲”，指的是十条一组的运输船队，“花石纲”就是运输奇花异石的船队。那么这些奇花异石是从哪里来的呢？来源丰富多样，匪夷所思。比如应奉局的头目走过你家门口，瞧见你家里有颗歪脖子老槐树形状很特别，那么恭喜你，你家的这棵树就被朝廷征收了。从现在起，你负责保护这棵树直到朝廷把它搬走，中间要是有什么雷劈火烧、虫蛀斧砍，伤了这棵要献给皇上的树，那就等着死吧。但假如你看管得很好，也先别高兴，这么大的树是不是不好出来？门是肯定走不了了，那怎么办呢？拆院子吧，把你家院子拆了，把树挪出来。什么？你说你不愿意？这就算不错了！还没说要拆房子搬树呢……

在这种氛围下，整个大宋很快就开始变得乌烟瘴气。东南百姓苦不堪言，甚至揭竿而起——著名的方腊起义就发生在这个时候。然而大家应该还记得，童贯还领着一支战绩彪悍的队伍在西北鏖战呐！方腊再强，能有西夏人强？因此，事情闹大了之后，徽宗果断把童贯调了回来进行镇压。而童贯药到病除，三下五除二解决了方腊起义。宋徽宗深刻认识到，自己作为一个下凡的神仙，现在人生已经接近圆满了！已经没有什么能够困扰自己的了！

这时一个消息让徽宗跟大宋满朝文武都陷入了沉思中——女真人造反了！

女真崛起与海上之盟

更准确地说，是女真人里的完颜部落挑头，带着女真人集体造反了。

女真人造反，明面上的理由是不堪忍受辽国压迫，奋起反抗。这话没骗人，辽国从辽太宗耶律德光——就是五代时认了石敬瑭作儿子，拿到燕云十六州的那位——的时候就开始要求女真上贡了。当时女真不少部落还处于刚开化的阶段，肯定不是东北亚大陆上想揍谁就揍谁的大辽的对手，只能捏着鼻子认倒霉。结果辽国变本加厉，今天要马明天要鹰，后天连部落里的人都抢去做奴隶。值钱的像什么人参鹿茸海东青就更不用说了，只要辽国老爷盯上，那就是一个字：抢！

而完颜部落在这个过程中却得到了不少实惠。原因很简单，完颜部落是女真部族里的辽国的帮手，专门负责帮着辽国老爷祸害别的女真人，顺便扩充自己势力。完颜部落一方面从辽国老爷手里拿着军火援助，一方面从别的女真部落上贡的东西里面抽头，时不时还挑拨离间一下，灭几个不听话的小部落充实自己。于是一来二去，完颜部落终于成了气候。

不过你再成气候，在辽国人眼里还是女真人，顶天是个听话一点的狗罢了。完颜部落开始琢磨这么一件事：咱们挑头，跟辽国人分庭抗礼，行不行？

当时的女真“扛把子”完颜阿骨打对这个问题做出了肯定的回答：行！必须行！

完颜阿骨打的信心不是从天上掉下来的。他自幼勇武过人，有勇有谋。他接任女真部落联盟长的时候，整个女真部落联盟已经十分稳固，对他言听计从。而辽国对女真人的控制力则不断降低。现在只需要一个借口，女真人就会扯起大旗，跟辽国一决雌雄。

辽国天庆二年（1112年），天祚帝耶律延禧到春州举行春捺钵。按照规矩，周围的女真部落首领都要觐见，完颜阿骨打自然也不例外。结果酒席宴间天祚帝喝高了，让在座的部落首领下场跳舞取乐。轮到完颜阿骨打的时候，出事了——完颜阿骨打拒绝跳舞。

天祚帝说，你跳不跳？

阿骨打说，我不跳！

大家在旁边劝说，哎呀，你就跳一下吧。

阿骨打说，我就是不跳，爱咋地咋地！

于是，大家不欢而散。愤怒的天祚帝决定弄死完颜阿骨打——你个小小的女真部落还敢不服我大辽皇帝的管教！难道你准备造反么！然而，北院枢密使兼皇上的大舅子萧奉先在旁边不以为然，说皇上那阿骨打是个蛮子，就这点小事你跟他计较什么？太失身份，还是算了吧……天祚帝琢磨了一下，就此作罢。

天祚帝的这个决定可以说是完全的失策。要知道，在这些游牧民族里，只有野蛮才能征服另一种野蛮。只要你稍稍流露出一点软弱的迹象，马上别人就会乘虚而入。这下阿骨打算是彻底有了底，当年女真就断了给辽国的朝贡。继而以追捕女真叛徒阿疎的借口一而再，再而三地深入辽国境内探听虚实。

阿疎是女真纥石烈部落的人，因为跟完颜部不对付，一直阻挠完颜部落统一女真各部。辽国对这种事当然是喜闻乐见，所以后来阿疎跟完颜部发生冲突之后，就逃到了辽国境内，差不多相当于政治避难。

完颜部一直以索要阿疎为借口，在辽国境内搞事情。这让天祚帝十分不爽。天祚帝觉得，你们女真人是不是脑子有问题啊？就你们那点实力，想收拾你们还不是分分钟的事？这样吧，按照以往的规矩，我给你个节度使当当，你阿骨打老老实实替我管着这些女真人，不要搞事情！顺便又派了点人到女真人边上搞了个武力恐吓，结果阿骨打一看这架势——得了，别等你来打我了，我直接造反吧！

于是天庆四年（1114 年），完颜阿骨打率领女真人在涞流水（就是今天东北的拉林河）祭告天地。指出，咱们世代为辽国做事情，尽心竭力，然而辽国对我们却始终不够意思，我要个阿疎都不给！是可忍，孰不可忍！咱们今天索性反了，跟辽国人决一死战！然后挥师南进。

在当时看来，完颜阿骨打这根本就是自寻死路！辽国当时虽然已经是暮气沉沉，但怎么说也是随时能拉出来十几万人马的超级大国。而完颜阿骨打不过纠集起了两千多人马，这也敢跟辽国人一决雌雄？结果让人大跌眼镜：阿骨打先下宁江州（今天的吉林省扶余县一带），又在出河店（今天的吉林省松原市附近）把辽军再次击溃，继而竟然把辽国的国库所在地黄龙府（今天的吉林省长春市附近）给打下来了！

这下形势可就彻底变了：一方面许多原本还在观望的女真人感受到了阿骨打身上的王霸之气，纷纷来投，阿骨打的兵力迅速膨胀；另一方面辽国境内人心开始浮动——连个野人都把你打成这样，这大辽是要完啊！

最要命的是，阿骨打不仅能打，还始终坚持用先进的思想来武装自己。在打黄龙府之前，阿骨打就在会宁（今天的黑龙江省阿城附近）称帝建国，国号“大金”。建国之后，阿骨打马上搞出了一个具有女真特色的决策制度——勃极烈制。简单地说，就是阿骨打觉得之前女真部落联盟进行决策的时候参与的人太多了，效率太低！所以，阿骨打搞了一个议事会，重大决策在议事会上讨论，大家意见统一之后即可执行，大大提高了女真人的决策效率。由于之前阿骨打已经在女真部落里推行了“猛安谋克”制度——“猛安”原本是千夫长的意思，“谋克”则是百夫长。不过，阿骨打将军事制度跟户籍制度结合到了一起，规定每个谋克统领三百户，一个猛安统领十个谋克。这样一来相当于将女真族原有的原始部落氏族体系彻底打散，建立起了更先进的半军事、半行政化的封建组织。因此，女真族得以紧密团结，开始向着打垮辽国的方向迅猛前进！

黄龙府破了之后，天祚帝觉得形势不好——国库都让你们给朕丢了，你们再这么搞下去，我大辽就要完蛋了啊！行了，我也别再玩什么添油战术了，来人啊！我要御驾亲征！

天祚帝这次是抱定彻底搞定女真问题的决心御驾亲征的。十几万大军号称七十万人马，浩浩荡荡杀向女真人。结果就在这个节骨眼上，辽国内部出事了。

出事的是辽军的监军，耶律章奴。这哥们儿觉得战场形势不是很好，决定掉转马头回上京拥立新帝。得到消息的天祚帝琢磨了一下：这我还打个什么劲啊！别说打输了，打赢了回到家皇帝也不是我了啊！咱们还是赶紧先解决国内矛盾吧。

天祚帝掉头准备回国解决耶律章奴。阿骨打则喜出望外：原本我还以为得跟你浴血野战，结果你自己乱了阵脚，可怪不得我！于是阿骨打抓住这个机会轻骑突进，在护步达冈（黑龙江省五常西）追上天祚帝的中军，一路掩杀，将辽军杀得尸横遍野……

这一战天祚帝虽然逃了出来，也算是比较顺利地镇压了耶律章奴的叛变，但是辽国却元气大伤。阿骨打则获得了一场意外的大胜，辽金之间的实力对比发生了明显变化，金国开始逐渐掌握战略上的主动权。

其实，辽军当时的战斗力并不是很差，可架不住领导层昏着儿迭出。出河店一战中，萧奉先（就是前面在春捺钵时劝天祚帝放过阿骨打的那位）

的表弟萧嗣先，作为领军将领大败而归。萧奉先为了帮自家兄弟脱罪，向天祚帝苦苦求情，结果萧嗣先仅被免官了事，其余逃亡将士也都没追责。这使得辽军都觉得打仗打胜了无功，而打输了也没人追究，于是斗志涣散，完全失去了跟女真人拼命的动力。

但最糟糕的是，辽国身后的大宋终于决定借着这个机会做点什么了。宋徽宗和他的臣子们虎视眈眈地将目光投向了燕云十六州——这片北宋百余年来始终念念不忘的土地。

跟女真人联手对付契丹人这事已经不是第一次在宋朝被提出来了。从仁宗那会儿就不断有人提出加强和女真人的联系，适当时候挑拨女真人与辽国关系的战略构想。元丰年间，宋朝更是将半个多世纪没跟自己有过来往的女真作为辽国与高丽之外的第三大外交对象，专门设计了相应的外交礼仪虚位以待。

政和元年（公元 1111 年），童贯出使辽国，认识了一个叫马植的汉人。这哥们儿当时是辽国的光禄卿，主管辽国祭祀、酒宴布置一类的事情，也算是辽国有头有脸的人物。然而他身在曹营心在汉，总想着为大宋做点什么。于是他找了个机会，向童贯献上了所谓的“灭燕之策”——现在女真人对辽国非常不满，我看马上就要开打！童大人，您看到时候咱们联络女真人两面夹击，一鼓作气拿下燕云十六州，您这功劳那是不可限量啊！

童贯一听这主意靠谱啊！我在西北就算把西夏打成平地也没这个功劳来得大啊！燕云十六州啊！乖乖，这要是拿下了，我怎么不得来个王爷当当！于是马上拍板：马植，你准备改个名，我伺机把你带回大宋，咱们好好商量商量这事。

于是马植改名为李良嗣，悄悄跟着童贯跑到了大宋。徽宗十分重视这事，亲自接见并询问对策。马植说，皇上咱们绕道海上联络女真人，那必须是一拍即合啊！这灭掉辽国就是分分钟的事！徽宗热血上头一拍大腿——干了！那什么，给你赐个赵姓，做朕的秘书丞。整个大宋的领导班子都给我动起来，咱们准备准备，联系女真人，光复十六州！

有人觉得这个主意太不靠谱。这跟女真人的联络通道都没有，你说结盟就结盟？然而以徽宗为首主事之人觉得这事一定能成！成了自己就是超越太祖太宗的一代圣君了啊！于是些许的反对意见被迅速无视掉了。徽宗君臣表示，没有路，就给我蹚出一条路来！

于是，在徽宗君臣的强力推动下，政和七年（1118年）七月，大宋终于从海上跟女真人发生了接触。

女真人对来访的宋朝使臣表现出了微弱的善意——他们对夹攻辽国这种事兴趣不大，觉得自己完全能够独立干掉辽国。至于宋朝提出的打下辽国后归还燕云十六州的构想，女真人的分歧就更大了。不过，最后完颜阿骨打还是拍了板，决定这事可以跟大宋谈。

然而大宋此时开始昏着儿迭出了：先是徽宗给阿骨打写了一封亲笔信，在信里竟然不提燕云十六州的事，只说想要燕京及周围地带。这差点难为死派去谈判的使者。接着，女真人又提出要求，要求宋军必须跟女真人同时出兵夹攻辽国才行。得到消息的徽宗君臣觉得这事不行，还是得要全部的十六州才行，又返回去跟女真人重新谈判。然而被女真人强硬地挡了回来：能商量的就这么多，你们爱打不打！你们要是不打，我们就自己动手了！

一塌糊涂的收复燕云

老实说，徽宗此时对打还是不打是很犹豫的。他犹豫的原因也很简单：童贯被派去东南剿灭方腊了。东南局面一片糜烂，大宋筹集粮饷有点困难。然而等不及的女真人决定不再跟大宋这样拖下去了，他们主动出击，一鼓作气打下了辽国的中京！天祚帝落荒而逃。

这下大家都坐不住了——眼瞅着辽国灭国指日可待啊，这还不赶紧上去占个便宜，等什么呢？于是，宋金两国迅速签订海上之盟，童贯作为主帅，带上一部分西北军作为主力，挂帅出征！

童贯十分激动：自己期待已久的时刻终于来临了！现在辽国就像是一栋摇摇欲坠的破房子，只要自己过去猛地踹上一脚，光复幽燕的丰功伟绩就是自己的了！

然而，到了河北后童贯才发现，这宋辽之间百年无战事，当年精锐的河朔劲旅早就成了养老院，根本没有战斗力！更可悲的是，百余年的统治让燕云十六州的汉人已经完全认同了辽国的统治，失去了回归中原正统的动力。这还不是最倒霉的，最倒霉的是，作为主力的种师道认为你们这么干是乘人之危，太不讲究！因此消极怠工，一点没有参战的动力。但是童贯来都来了，也不能就这么回去不是？所以，童贯咬紧牙关，还是硬着头皮挥军北上了。

在这种情况下挥师北上，结果如何可想而知。宋军不出意外地被辽军打得大败而归。听到这个消息的徽宗简直不敢相信自己的耳朵——不是说就差临门一脚了么？怎么这一脚踹上去竟把自己给踹骨折了！更丢面子的是，辽国还派人过来把大宋谴责了一番：不是说好了要做兄弟之国么？嘿，现在看我们这边女真闹事，你们就背信弃义？这是人干的事么！

种师道连忙跟着上折子，给徽宗说明咱们打的是不义之战，您赶紧打消这想法，咱们跟辽国快快乐乐做兄弟之邦得了。

那怎么行！徽宗君臣为了打这场仗从全国猛刮地皮，收上来 6200 多万贯军费，又把大宋历年军资积蓄全都扔了进去，现在说不打，晚了！童贯狠狠告了种师道一把黑状，说之所以大败，都是因为种师道吃里爬外。因此，王黼顺理成章地把战败的黑锅扣到种师道头上——种师道意志不坚、斗志涣散，导致朝廷收复燕云的战略构想遭到巨大损失，赶紧削官致仕吧。

于是，大宋君臣重整旗鼓再振精神，找来了河阳三城节度使刘延庆接了种师道的活儿——这哥们儿也是个猛将，在西北曾有过赫赫武功——准备再次出击。这种屡败屡战的精神震惊了金国：刚被人打成那样，转眼就又拉起一支队伍？这大宋国力深不可测啊！面对大宋这种吃了秤砣铁了心的状态，金国心里难免也有点担心。觉得这万一你们自己把燕云之地搞定了，我们上哪里讹你们岁币去？于是赶紧派人跟大宋商讨共同出兵夹击辽国事宜。徽宗派赵良嗣——这哥们儿在宋金早期外交活动中打满全场，几乎成了大宋的全权代表——去跟金人说，你们放心，我们大宋最讲信用！谈好了的事肯定没问题！

实际上，大宋刚吃了一个大亏，现在怕辽军怕得要死。要不是当时北辽皇帝耶律淳病死，徽宗连再集结大军攻打辽国的决心都不一定能有，根本就不可能在这个时候撕毁跟金国的盟约。不过金人不知道这事啊，于是从宋朝拿到了保证的金国使节快乐地回去了。新一轮大战一触即发。

就在这个节骨眼上，辽国涿州守将郭药师带着一支叫“常胜军”的队伍投诚了！原来，耶律淳病死以后皇后主政，境内人心惶惶，契丹贵族跟汉人之间的矛盾越来越大。郭药师跟手下的队伍都是汉人，看着势头不好决定先下手为强，赶紧投宋。这下可把大宋君臣可乐坏了：看到没有，这次大军刚起就有人投降，天大的好消息啊！于是，赶紧给郭药师和“常胜军”各种封赏，并决定大家原地掉头，反攻大辽。龙颜大悦的徽宗决定给涿州赐名，顺便把燕京几个地方一并赐名。讽刺的是，这时候除了涿州和易州随着郭药师一起投降外，其他几个地方还在人家辽国手里呢。正在兴头上的徽宗是不会考虑这种事情的，在他看来，燕京已经是大宋的囊中之物了。于是郭药师摇身一变，成了宋朝的恩州观察使，跟着刘延庆的大军一起反攻辽国。

刘延庆率领十万大军兵出雄州，剑指燕京。结果刚过白沟又被辽国人给揍了一顿。刘延庆心想自己这是要重蹈覆辙做种师道第二啊，赶紧紧守营盘与辽军对峙。郭药师一琢磨，说大帅你想辽国在这边的兵力其实就这么点了，现在都到前线跟咱们对抗，那燕京城里肯定空虚啊！这样，你给我五千精锐，我急袭燕京城。到时候您安排一支人马接应我，那燕京城就是咱们的囊中之物了啊！

刘延庆觉得这主意不错：给你六千人马，让我儿子刘光世做你后援，到时候咱们打下燕京城，光复十六州！

于是郭药师高高兴兴地带着人马半夜渡河奇袭燕京城去了。

不得不说，郭药师的判断还是很准确的，燕京城此时确实防务空虚。于是，郭药师开开心心地打进了燕京城，然后派人给萧后送信——我大宋天兵已到，你赶紧投降吧！

萧太后吓了一跳——闭门家中坐，宋军天上来啊！你郭药师一个降将领着这点人过来也敢让我投降！给我顶住！于是，一方面拖延时间一方面派人赶紧去前线搬救兵。辽军前线领军大将萧干听说这事也是吓了一大跳，赶紧拢了三千精锐调头杀向燕京城。

按理说，郭药师跟萧太后双方其实都在拖延时间，燕京城守备力量再空虚，也不是郭药师六千人说拿下就能全部拿下的。郭药师要等的其实是刘光世的援军。要知道宋军兵力远超辽军，只要刘光世援军一到，那燕京城就是大宋的囊中之物了。郭药师没想到，直到辽国的援军从前线调头杀回来，刘光世的援军也没来！于是郭药师跟辽军在燕京城里展开了一场惨烈的巷战。结果就是郭药师被辽军里应外合包了饺子，死伤无数。郭药师本人连马都顾不上了，找了根绳子缒城而出，好歹算是保住了条命。

奇袭不成被反杀，这就很尴尬了。更尴尬的是，宋军因为一败再败，只能抱团取暖闭门不出。而辽军在数量绝对劣势的情况下竟然还掌握了战场主动，得以分兵去劫掠宋军粮道。战场形势竟然是完全反了过来。

不过，辽军主帅萧干还是有点发愁：自己对面这宋军足有十万人啊！别说是十万人在那里抱团闭门不出，就是十万头猪放在那里让我杀，我这点人马也得杀个几天。怎么办呢？万一宋军恢复士气再战一次，是输是赢还指不定呢，所以必须趁着这段时间赶紧想个点子搞定这事。

想来想去，萧干还真想出了一个歪点子。

他把劫掠宋军粮道时候抓的两个俘虏，绑起来蒙上眼拉进营帐里关了起来，然后假装不经意让他们听到一个耸人听闻的消息：辽军经过补充，兵力极度充沛，是宋军的三倍有余！马上就要安排人马，放火为号围歼宋军，到时候宋军从上到下一个都跑不了！

这俩俘虏一听，我的妈呀，这还得了！得赶紧想办法跟大帅说！于是，两个人在辽营里上演了一出古代版的《越狱》，将一切都看在眼里的辽军则暗中配合，最终一名俘虏越狱成功飞奔回了宋营。

听到消息的刘延庆差点吓死——妈呀，我们人多的时候都不是辽军对手，现在对面人马三倍于我，想弄死我不是分分钟的事么？结果，第二天辽军果然点火为号，汹汹来袭，刘延庆果断决策——把营房物资都给我烧了，老少爷们儿咱们赶紧跑啊！

乱军之中，士卒互相践踏死伤无数，辽军又白捡了一场大胜。这次惨败彻底将大宋的战争储备消耗一空，退守雄州的宋军元气大伤，再也没有能力向辽军发起进攻了。

与窝囊的大宋形成鲜明对比的则是金军一路高歌猛进，从北向南所向披靡。其进军过程之顺利令人匪夷所思——举个例子，辽军本来在居庸关严阵以待，准备跟金军决一死战，结果金军兵临城下的时候竟然山崩了！落下的山石准确击中了辽军，辽军死伤惨重，金军却几乎没受什么影响！因此，很快金军就把燕京给拿下来了！这下童贯傻眼了——总不能跟金军开战吧？

不能打，就谈判吧。不过，在战场上没能拿到的东西却妄图在谈判桌上拿回来，难度可想而知。此时的金国也知道了宋军在战场上到底是怎么个熊样。不少人提出，宋军这么废物，咱们干吗还要遵守盟约？咱们凭本事打下来的燕京城，凭什么给他！

大宋表示，希望金国能够负起责任，履行自己曾经签署的各项盟约，把燕云地区优雅地还给大宋，践行海上之盟的诺言。

由于大宋刚刚撕毁了澶渊之盟，所以这种话完全没有什么说服力。整个谈判迅速变成了一场大讹诈。由于全国军民都知道皇上刮地三尺组织收复燕云之地，因此徽宗君臣只好硬着头皮由着金国不断加码，不断讹诈。

金国表示，你们大宋太废物了，拒绝交还全部燕云十六州。

徽宗表示，成，你们给个燕京我也满足了。

金国表示，光是把辽国的岁币转给我们还不够，你们还得加钱。

徽宗表示，成，钱我大宋有的是。

金国表示，我们打下燕京城也很辛苦，是不是单独再给笔军费让我们犒劳三军？

徽宗表示，成，只要能把燕京拿回来，咱们都好说！

【第六章】

靖康之耻

北宋的覆灭

危险的导火索

宣和五年四月，大宋终于拿到了自己朝思暮想一百多年的燕京城。此时距石敬瑭当年割让燕云十六州给契丹人已经过去了近两百年。在这两百年里，无数英雄豪杰抛头颅洒热血，却始终没能从契丹人手中夺回这片土地。

徽宗表示，自己这辈子值了，太祖太宗都没能做到的伟业，在自己手里实现了，这是天大的功业啊！

童贯、王黼这些人也都激动得不能自已——我的天呐，想不到咱们这群人这么厉害，真能做到祖宗们都没做到的事情！尤其是童贯，他觉得自己这辈子已经不会再有什么遗憾了。虽然是个太监，可有谁能像他这个太监一样，拓边西北、经略幽燕？谁能像他这个太监一样，威风万里、出将入相？纵观整个北宋，谁能像他这个太监一样异姓封王？潘美、杨业、范仲淹，还是狄青？他们没能做到的事情，我童贯一个太监做到了！

由于实在是太开心了，所以徽宗君臣选择性地无视了金人在交还燕京城前将整座城市劫掠一空，连人口子民都被掳走的事实。无视了整个燕云十六州只到手了燕、蓟、景、檀、顺、涿、易这山前七州（还记得么，涿州和易州还是主动投降的）的事实，更无视了金人的虎视眈眈。宋金两国在海上之盟中建立起来的脆弱友谊，也随着金国对大宋的不屑和讹诈而灰飞烟灭了。

至于辽国，虽然现在还在苟延残喘，然而却已经再也无法左右大局了。东亚大陆上残存的辽国势力很快被金国一扫而空，然而耶律大石——就是之前极度倒霉，在居庸关被山崩砸了个头昏脑胀的那位——另辟蹊径，自立为王，一路向西，从蒙古打到新疆，又打到了中亚，竟然建立了一个被称为“西辽”的新帝国，硬是给辽国又续上了将近一百年的国祚！西辽鼎盛时期其疆域之广阔丝毫不逊于原来的辽国，其国力足可震慑整个中亚地区。甚至连欧洲国家都知晓耶律大石的赫赫威名——俄语、拉丁语与古英语中，中国的发音类似“契丹”，一种说法就是受到了西辽的影响。而西辽在与金国的几次碰撞中也证明了自己并非是旧辽国那样的废物。只可惜，无论是金、西夏还是西辽，抑或是大宋，都没能在这场东亚大陆的碰撞中笑到最后。几十年后，一支狂野的力量从蒙古草原兴起，势不可当地横扫了整个东亚，直到席卷整片欧亚大陆。

但眼下，大宋君臣还无法预料到这之后发生的一切，他们最大的烦恼依然是如何搞到燕云十六州里剩下的那九个州。然而剩下的这几个州都是难啃的骨头，金辽势力在其中冲突不断，经常是今天金国打下来这个州，明天辽国又反攻回来那个州；今天这个州宣布降金，明天那个州又宣布复辽。这让徽宗君臣很是忧伤：你说这么多个州，怎么就没有一个主动表示要投靠我大宋的呢？不主动来降也就算了，这动不动辽国的残余势力还要打回来。要不是有一个郭药师在前边顶着，咱们大宋连燕京城都不一定保得住，这真是让人忧伤啊忧伤……

就在这个节骨眼上，一个意外的好消息砸中了大宋——金国南京留守张觉来降。辽国原来的南京是燕京，这事大家都知道。金灭辽之后准备按照以前的规矩再立一个南京，然而燕京城金国打下来后交割给了大宋，所以再用燕京做南京肯定是不行了。因此，金国在自己掌握的山后九州里选了一个平州作为南京，张觉就是这个南京的留守。

张觉原本是辽兴军节度副使，趁着辽末大乱的时候杀了自己的上司，控制住了平州，手里颇有一些兵马。金兵过来的时候他很识时务，果断地投了降。金国对他也不错，加封他为同平章门下事，让他留守南京——并没有褫夺他的兵权，可以说是相当够意思了。然而恰恰是因为太够意思了，张觉竟然产生了一些大胆的想法。

张觉觉得，我这人马刀枪也算是燕云一霸了，眼下虽然金人对我还不错，可总归不是长久之计啊。河北这边的天气对女真人来说太热了，金人未必会特别重视燕云这边。君不见现在女真人都在忙着把燕地这边的降将和人口子女往东北转移么？听说现在天祚帝在漠南折腾得很凶啊，再加上阿骨打刚死，大宋也总想着收复山后九州，以后什么情况谁也说不好啊。所以自己要不要待价而沽，趁着这乱世把自己卖个好价钱？

打定主意的张觉开始双管齐下——一方面他努力试图跟辽国的残余势力取得联系，另一方面他也没忘了跟大宋勾勾搭搭。正在发愁怎么能想办法收回山后九州的徽宗君臣听到这个消息简直要乐疯了：平州来投？张觉想归顺我大宋？天大的好事啊！赶紧跟他说，有什么条件尽管提，只要能来，一切好商量！

赵良嗣委婉表达了不同的意见。他说，你这前脚刚跟金人交割完燕京，后脚就开始挖人家墙脚，是不是不太厚道啊？咱们出尔反尔，很容易引火烧身啊，我看要不然这事算了吧。

徽宗大怒，算了？算了，你给我从天上变出山后九州来？背信弃义算什么！为了搞到燕云十六州，老子连澶渊之盟都背了，还差个女真人？把赵良嗣给我贬喽！重重加封张觉！

张觉觉得自己这步棋走得简直是太对了，自己坐拥数万兵马，现在外线又有宋军作为外援，这金国就算不满又能怎么样？你能把我怎么样？

金国表示，能动手咱们就别吵吵，打吧。

最初事情的发展跟张觉预料的一样，来讨伐他的金军被他打得大败而归。徽宗见此情景更是高兴得不知怎么好了，觉得我在这小小的燕云之地，先有郭药师，再有张觉，都是一等一能打的人才，这收复旧河山简直指日可待啊！赏！重重封赏！

愤怒的女真人很快组织了新一轮的反击，而洋洋得意的张觉却因出城接徽宗的嘉奖诏书这种荒谬的理由被女真人堵在城外，杀得大败。幸好在乱军之中张觉保存了一点基本的政治敏锐性，知道得带着诏书跑路，跟自己的弟弟俩人一起从乱军中逃了出去，跑到大宋境内寻求庇护。然而女真人虽然没抓住张觉，却抓住了他的一家老小。他的弟弟听到这个消息后竟然偷了诏书跑了回去！这下女真人总算是捏住了大宋的小辫子！气势汹汹的女真人找到大宋：有你们这么干事的么？这才结盟几天啊就挖我墙脚！

这就十分尴尬了，愤怒的女真人要求大宋赶紧交出张觉，不然谁也无法保证会发生什么。而大宋则决定对金国施展“忽悠”技能——他们找了个跟张觉长相差不多的死囚，砍了脑袋给金国送了过去，表示我们已经按照你们的要求干掉了张觉。

女真人觉得自己的智商受到了侮辱——我们手里捏着张觉的家眷、属下一大堆人，你们竟然觉得我们分辨不出这个“张觉”的真假？我告诉你们，要是再不交人，咱们干脆也动手别吵吵了！

没招了，把真的砍了吧。

张觉大骂不已——说好的庇护呢？我降了大宋，打了金军，结果现在人家让你们交人你们就交人？这是人干的事么？

张觉事件影响之大是远远超出预期的。就金国而言，他们看透了宋朝反复无常又缺乏实力的同时也获得了一个千载难逢的开战借口；对所有在幽燕地区首鼠两端的人来说，他们看清了这个地区的话事人到底是谁；而对于大宋而言，这次张觉事件在郭药师这些人心里埋下了一枚钉子——今天金国来要张觉，你就砍了张觉送出去，那明天金国要是要我郭药师的脑袋你怎么办？把我砍了送出去？

在这种气氛下，宋金两国间的关系愈发紧张了起来。对于金国而言，他们现在已经有了充足的开战借口，要不是天祚帝依然还在苟延残喘，他们马上就可以领兵南下。而大宋也并没有完全失去理智，他们开始意识到自己对燕云十六州的掌握很不牢靠，想要山后九州只能是谈判。

呵呵，想要山后九州是吧？行啊，咱们坐下来慢慢谈。反正天祚帝还没死，现在暂时也没精力跟你动手。大宋不知道的是，金国内部此时已经开始有了一些声音，要求与大宋开战。

宣和七年二月，天祚帝被俘。

金国最后的后顾之忧被解决了，现在再没有人能阻止金军了。

第一次开封保卫战

宣和七年十月，金太宗完颜吴乞买下旨，两路大军南下攻宋。北宋灭亡的钟声被敲响了。

女真人兵分两路，一路由金国国相长子完颜宗翰带队，直插太原；另一路则由阿骨打的次子完颜宗望率领，直取燕京。两路人马约定攻下太原与燕京后会合一处，杀向开封。

坐镇河北的童贯得到消息后马上就跑了。开封城中的徽宗君臣则完全被这个消息惊呆了：女真人说打就打过来了？这这这，这可怎么办！

还没等徽宗君臣商量出个对策，更糟的消息就传了过来：在燕京组织防守的郭药师，投降了！

徽宗表示，我的妈啊，这太可怕了——老子不干了！老子要退位！

其实，此时的局面并没有达到不可挽回的地步。虽然燕京城由于郭药师的投降而被轻易攻克，但这并不代表金军忽然就拥有了超出时代水平的攻城能力。因此，此时的金军遇到了跟当年辽军差不多的问题，那就是他们野战是完全没问题的，可遇到坚城就死活拿不下来。这时候只要宋军好好组织防御，事情还是大有可为的。

然而，徽宗已经完全丧失了战斗意志，而他所倚重的几个助手不是主张逃跑，就是主张投降。所以经过了激烈的思想斗争后，徽宗最终还是做出了决定——下罪己诏，罢“花石纲”，传位于太子赵恒！

太子赵恒此时正好25岁。他表示，自己也不是谦虚，我一个向来不受自己父皇待见的太子，怎么忽然就要被扶正了呢？

徽宗向来不太喜欢自己这个太子，赵恒的作风比较朴素，跟喜欢奢华的徽宗风格差异太大。徽宗更喜欢自己的三儿子郓王赵楷，童贯、王黼等人也始终将赵楷视为皇位的有力竞争者。然而这次徽宗也意识到了，自己要是再临时更换太子，很可能引起朝中更大的动荡！因此虽然不太情愿，最终赵恒还是上了位。

宣和七年（1125年）十二月，金兵轻骑直入，过中山府（河北定州），距开封仅有十日路程。而赵恒在这种情况下继了位，是为宋钦宗。钦宗登基之后，改元靖康。

徽宗表示，朕的好儿子，朕把江山——以及责任与黑锅——都交给你了，我连太上皇的名号都不要，你们以后叫我“道君”就成！我去东南转悠转悠，烧烧香祈祈福，你在开封好好干！

钦宗上位之后，先是加强了黄河渡口的守卫兵力，又任命主战派李纲——顺带一提，也是他首先向徽宗提出建议要求禅位的——为兵部侍郎，主持东京城防务。最重要的一点是，朝廷终于想起诏令各地兵马驰援东京了。

金军的进攻其实并不顺利，完颜宗翰的西路军在太原城下一再受阻，只有东路军的完颜宗望自己带兵深入大宋腹地。而轻骑直入的完颜宗望需要解决一个问题：自己到底要不要打开封？

女真人就这个问题展开了激烈的讨论。鉴于西路军攻势受阻，东路军现在又有点冒进，许多人的意见是，大宋那个废物皇帝都退位了，新皇登基新气象，一个不小心咱们交待在大宋可就不好玩了，要不还是退兵吧。

郭药师表示，诸位，你们是不清楚大宋现在的状况——大宋虽大，然而你们面前的都是一群废物！能打的都在西北，这要是西北军来了，咱们确实有危险。不过现在徽宗刚退位，大宋肯定还组织不起像样的防御。这时候要不趁机打进开封抢一波，以后可就没机会了。

妥！最终金军决定了：南渡黄河，直奔开封！

事情的发展令金军十分欣慰：黄河渡口的宋军见到金军望风而逃，导致黄河天险完全没有发挥作用。钦宗虽然勉强接过了大宋的指挥棒然而却也想着要逃。满朝文武有点门路的都跟着徽宗一起南逃了，剩下的大多也打着投降或是怂恿钦宗逃跑的主意。偌大一个开封城，竟然找不到几个主战派！

这时候李纲站了出来。

李纲觉得这些人简直有病：你们往哪里逃？天下还有比开封城更坚固的城防么？城里那可是百万军民啊！百万军民！完颜宗望这么点人就把你们吓倒了？有扯皮的工夫你们整顿一下城防好不好？

在李纲的强力主张下，大宋的战争机器终于开始缓慢运转。

在开封城下，完颜宗望终于第一次尝到了失败的滋味。他抵达开封城的当天就火急火燎组织攻城，试图一鼓而下。然而北宋经营了百年的开封城让完颜宗望见识到了什么叫坚城，当天金军死伤惨重，不得不暂时退却。

按理来说，此时战场上的形式已经悄悄发生了逆转。完颜宗翰在太原城下被拖住，而完颜宗望面对开封城也束手无策。各地的勤王兵马则源源不断开往战场，整个战役的主动权正一点一点地重新回到大宋手上，

匪夷所思的情况出现了，在宋军占据了战略优势的情况下，钦宗君臣想的竟然是与金人媾和而非反攻！在开封城下进退两难的完颜宗望狮子大开口，向钦宗提出割让河北三镇、赔款千万、以亲王宰相为人质，甚至是尊金国皇帝为伯父的要求。大喜过望的钦宗竟马上一口答应下来——只要你肯退兵，咱们都好说！

李纲快气疯了。眼瞅着咱们就要赢了，你竟然准备割地赔款！脑子进

水了么？不行！这诏书绝对不能发出去，再撑两天！在李纲的坚持下，钦宗终于坚持到了西北军抵达战场的那一刻。

现在的战场形势完全逆转了，开封城周围二十万宋军围住了六万金军，其中还有久经战阵、武力卓绝的西北军。可以说只要钦宗此时不出昏着儿，完颜宗望就断然没有幸存的道理。对于人丁稀少的女真人而言，六万人的损失几乎可以打断他们的骨头了。

然而钦宗用自己的实力证明了什么叫“猪队友”：他先是拒绝统一开封附近所有部队的指挥权，强行将城防与野战部队的指挥权分开；又否定了李纲与前来勤王的种师道提出的稳扎稳打的方案，转而采取偷袭冒进的进攻方案。这个方案毫无疑问遭到了巨大的失败。在失败之后，惊慌失措的钦宗又急急忙忙把李纲推出去做替罪羊，向金军谢罪。开封军民群情激愤，差点酿成民变，钦宗又赶紧把李纲官复原职。

李纲觉得自己真是倒霉透顶，碰上了这样一个皇上。不过他不知道的是，更倒霉的事情还在后面。

靖康元年二月，完颜宗望在讹诈到巨额财物与河北三镇后缓缓撤军。钦宗向李纲下了死命令，拒绝了他派兵追击金军的提议。紧张激烈的开封保卫战终于结束了，金兵带着抢来的金银财宝心满意足地北归了。而开封城里，大宋君臣们终于也松了一口气。

钩心斗角的父子

对钦宗君臣而言，摆在他们面前的头号难题，不是如何整军备武，不是如何救亡图存，不是如何发奋图强，而是如何将徽宗从东南接回来。

不接不行啊，徽宗在东南肆意妄为，不仅开销惊人，还截留东南财赋，隐隐有另立朝廷的意思。钦宗表示，金兵要的不过是北方三镇，老爹你要的可是东南膏腴之地啊，您比金兵可狠多了！咱们商量商量，要不您还是赶紧回来吧。

然而徽宗此前在外面玩得极其开心，寄居东南后自己可以随意挥霍又不用操心朝廷上的一大堆破事，这感觉简直不要太好。因此，徽宗对于还朝这事是有点抗拒的。钦宗觉得这事很难办——毕竟是自己的亲爹，总不能派兵过去五花大绑回来吧？

大家表示，皇上这事其实也好办，您斋戒沐浴，摆足姿态造势，搞得全国上下尽人皆知。再派出大臣大张旗鼓去迎接太上皇，难道他老人家还能死活不回来么？就算他不想回来，那舆论也得把他给逼回来啊！

钦宗觉得这个主意靠谱，什么斋戒沐浴、摆足姿态那都好说，只要能把我爸爸接回来，这都不是问题啊！然而，还有一个关键的问题需要解决，那就是派谁去请太上皇还朝呢?

人选很快就有了,这个人叫宋焕,是蔡京的亲戚。在钦宗的构想中,这个人原本是没什么用处的。然而他当时的位置很微妙——蔡京等人南逃时,由于南下的舟船都归发运使管,所以给他弄了个江淮荆浙等路发运使做,好方便自己南逃。而钦宗想趁着这个机会弄死童贯等人,所以先对这个宋焕动了手,用自己人替换了这个宋焕,让他回开封来“听候处置”。

本来宋焕在整个事件中只能算一个小人物,钦宗的意思是趁着战事平息,赶紧把“六贼”都收拾了就完事了。至于宋焕,他的命运很可能就是被算作“六贼”的同党,然后挨个惩处。但李纲此时表达了不同的意见——皇上你这么着急收拾“六贼”,要是他们狗急跳墙胁迫太上皇在东南割据怎么办?到时候事情可就不好收拾了啊!要我说,不如给这几个人一个不疼不痒的小处分,然后咱们先把太上皇哄回来——之后再怎么收拾这几个人,还不是您一道旨意的事么?

钦宗觉得,你说得好有道理!这事我的确操之过急了!然而此时宋焕已经回到了开封,事情就变得很尴尬了:免了人家的职,本来是打算调回来处置的,可刚跟李纲定完处理“六贼”问题的基调,现在再处分宋焕就显得不太合时宜了。然而钦宗很快就眼前一亮:我干吗非要处置他啊?这不是最完美的迎还徽宗的人选么!

钦宗觉得让宋焕去游说徽宗还朝是他眼下的最佳选择:宋焕跟蔡京等人是亲戚,让他回去天然就能获得这些人的信任,而这个人被委以重任本身就说明了钦宗对徽宗一行人的态度。所以,宋焕迅速被召进宫中,连续两天与钦宗进行了深入密切的交流。钦宗表示:爱卿,我看你骨骼惊奇,是万中无一的沟通奇才,迎还太上皇的事情就靠你了!然后将其官复原职,火速打发回东南迎请徽宗。

宋焕十分感动,原本以为自己这次回开封凶多吉少,然而谁能想到不仅什么事没有,更接了一件天大的差事!这事要是自己办好了,以后还不是平步青云？于是，宋焕一溜烟奔往东南，开始了对徽宗的游说。

徽宗此时也已经觉得过得不太舒坦了，一方面金兵退去后当年跟着他跑到东南避难的大小官员许多又跑回了开封；另一方面钦宗坐镇东京汴梁毕竟占据了大义的名分，因此徽宗的旨意是越来越不好使了。雪上加霜的是，徽宗身边的这些奸臣们依然在顽强地进行着政治斗争。比如童贯在南逃过程中为了不让高俅接近徽宗，甚至让手下跟高俅带领的禁卫动了手！高俅猝不及防下死伤惨重，只好返回开封。不过讽刺的是，正是因为他返回了开封，后来在钦宗主持的大清算中反而得了个善终。

在这种情况下，徽宗自己也开始觉得在东南有点待不下去了。宋焕见到徽宗之后向徽宗宣传了钦宗的宽大政策——您看那童贯什么的都坏成那样了，钦宗不也就要把他贬到池州么？这还不是看您的面子？我跟您讲，您千万别觉得皇上对您有什么想法，之前有点父子不和的事情还不都是因为金兵围城战况紧急么？现在事情都过去了，您在这里哪有回东京舒服啊！

徽宗琢磨了一下，觉得好像确实是这么个道理，那就回去吧！至于钦宗贬了童贯蔡京这些人，处罚确实也挺轻的，你们就接了旨意吧。

宋焕十分开心，在得到徽宗高度赞扬之后，他先走一步赶回开封城，向钦宗汇报了这个好消息。钦宗十分激动，马上开始着手准备迎接徽宗还朝。满朝文武都十分欣慰，我大宋这两个朝廷的情况终于能得到解决了。于是在大家的翘首以盼中，徽宗踏上了回家的路。

不过，这路刚走没多久徽宗就变卦了。俗话说“知子莫若父”，他总觉得这事里面透着一股阴谋的味道——唐史我可是看过的，当年唐明皇到四川避祸，他儿子唐肃宗接他还朝的时候也是殷勤得很，可转眼还不是把自己老子给软禁起来。要不，我还是别回去了吧？

于是，钦宗开始头疼了：说好了还朝的，你这半道不走了算怎么回事啊？你说你一会儿要去亳州，一会儿要去洛阳，一会儿又提条件说还朝可以，得让你住皇宫——有这规矩么！最可气的是，你当初丢下个烂摊子给我，现在天天在书信里跟我谈改革，你真那么勤政早干吗去了？

不过埋怨归埋怨，该忽悠自己爸爸回家还得接着忽悠，李纲又一次派上了用场。他临危受命，被派去居中调停，迎还徽宗。而钦宗则在开封城里大兴土木，给徽宗修起了园子——不让您住大内是为了国家好，可我也不能亏待了您不是？不仅如此，钦宗还宣布，跟着徽宗一起南下的官吏们回京之后统统重赏！为了做示范，他咬着牙给高俅又一次加官晋爵，封高俅为简国公。看见没有？高俅先回来，朕就先封赏他！你们赶紧劝徽宗还朝，到时候封赏也少不了你们！

在如此强大的攻势面前，加上李纲正气凛然的劝说，徽宗终于扛不住了。靖康元年四月三日，钦宗亲自出城迎接太上皇还朝。围观百姓感动得热泪盈眶：这真是父慈子孝、两宫和谐啊！

这些人不知道的是，为了避免徽宗还朝之后插手朝政，钦宗在背后是花了十二分的力气，从各个角度把徽宗可能利用的借口全都给堵死了。为了防止徽宗指责自己卖国割地，钦宗甚至在三月份的时候下了一道诏书，表示自己要作废割让三镇的协议。同时，封种师道为河北河东宣抚使，封他的弟弟种师中为河北副制置使，姚古为河北制置使，让他们兵发河北，支持太原，可以说是做足了姿态。

徽宗还朝之后马上就被变相软禁起来，身边的亲随也换成了一批“懂事的”。不仅如此，为了防止徽宗收买人心，钦宗甚至下旨要求徽宗进行任何形式的赏赐后，在受赏人离开徽宗住所时要执行严格的回收制度。

在这种情况下，徽宗觉得自己实在受不了了。他跟钦宗商量：你看要不我走行不行？我到洛阳治军练兵防备金军行不行？

那怎么行啊！谁知道你是防备金军还是防备我？您就在这开封城安心地待着吧！为了彻底打消徽宗反击和清算的可能性，钦宗还火急火燎地把自己年幼的儿子扶正做了太子，其效率之高简直令人瞠目结舌。

徽宗既然都被软禁起来了，童贯等人的命运也就可想而知了。彻底掌握了局面的钦宗将童贯、王黼这些人贬的贬，杀的杀、很是出了一口胸中的恶气。可怜之前在徽钦二宗中间调停的宋焕还做着升官发财的美梦，却因为自己是蔡京亲党而被一贬再贬，安置到了永州做了个团练副使。

现在徽宗被软禁起来了，金兵退却了，太原等地却仍在苦苦坚持。童贯这些奸臣都伏了法，以正常人的思维来看，当务之急那一定就是整军备武，准备反攻。然而钦宗君臣经过深入思索与激烈讨论，认为当前的首要任务并不是整军备武，而应该是找问题，补短板，从源头上深挖此次大宋出现问题的原因！

大家最终得出结论：咱们大宋啊，那原本是一点问题都没有的，搞到今天这个地步，都是因为王安石瞎改革闹的！还有还有，那些太学生整天不务正业鼓噪生事，也造成了很坏的影响！所以，眼下最重要的显然不是整军备武，而是正本清源，统一思想！于是一幅神奇的画面出现了：在河北等地军民还在拼死抵抗的情况下，开封城中的钦宗君臣竟然将工作重心放到了批判王安石、控制言论和准备科举考试上面。

在开封城钦宗君臣神奇的指导思想下，整个河东河北的战斗也开始日趋糜烂。开封城里的老爷们早就说过，咱们大宋是一点毛病都没有的，问题就出在王安石的改革上。那怎么做才是对的呢？显然，按照以前的规矩，大将不轻易授兵权、各部都由皇上远程遥控才是对的啊！钦宗身边的主和派们为前线提供的支持只能用杯水车薪来形容。于是大家眼睁睁看着一次又一次战机贻误、一次又一次昏着儿迭出，同时各种补给还迟迟不到。终于，在钦宗君臣的大力支持下，种师中战死疆场，姚古一溃千里。

种师道只能眼睁睁看着这一切发生却无能为力。被派出来的时候，钦宗甚至都没给他兵马。主和派们表示，你看，我们说什么来的！就说金兵不能力敌吧？只有老老实实谈判割地赔款，才是正道啊！李纲对此表示十分不满，觉得皇上你们再这么搞下去那可真就要完了，咱们得严肃对待这个问题啊？

什么？你说我不行？那你行你上啊！

于是，李纲被赶鸭子上架，派到了河北。钦宗这次大方了很多，给了李纲一万两千人，至于河北诸将的节制权——对不起，您还是没有。

在这种情况下，恐怕就是太祖复生也难以有所作为。因此，第二次太原收复战不出意料地又失败了。这下子朝中的主和派们全都兴奋了起来：皇上，这分明是李纲不能充分发挥主观能动性，工作不努力啊！主和派们用惊人的高效迅速罗织了李纲的十条大罪：指出李纲这人不仅工作不努力，而且包藏祸心、阴险狡诈，与蔡京父子狼狈为奸，暗中挑拨皇上与太上皇之间的关系，真是罪大恶极、罪不容赦！

钦宗表示，李纲我真是看错你了，赶紧的，把李纲给我贬了！

第二次开封保卫战

就在这些人折腾的同时，金国则在酝酿着另一次更大的攻势。他们甚至连战争借口都是现成的：钦宗君臣连续写密信试图联络辽国的残余势力夹击金国，这些密信不是被人主动上交，就是在过境的时候被搜出送到了金国决策层手上。更不用说宋朝原本答应割地赔款，却又一次次反复无常了。于是，在进行了充分准备之后，靖康元年的秋天，金兵卷土重来。

金军这次进军的速度只能用神速来形容。太原城在坚持了大半年之后终于再也坚持不下去了，惨烈的太原保卫战迎来了它的尾声。此时的太原城中粮草早已消耗殆尽，人们易子相食，顽强的守军坚持战斗到最后一刻。

与太原城中这些顽强的人们相对应的则是丑态百出的钦宗君臣。此时朝中的主战派早已随着种师道、李纲的两次大败而被清洗得差不多了。主和派占据了完全的上风，因此一条又一条荒谬的建议被他们提了出来。金军则乐得跟这些人扯皮来争取时间，所以战场上出现了一幅诡异的画面：一方面是金军不断高歌猛进，另一方面则是开封城中的君臣不断自废武功。勤王兵马不要再来了，大家先等等，万一惹火了金大人怎么办？种师道在外面正积极筹兵勤王？赶紧给他叫回来！别让他再激怒金人了！加强防御措施？开什么玩笑！这能显出咱们跟金国谈判的诚意么？不能加强！

在这种情况下，金军在河北的进展简直顺利到匪夷所思的地步——还有比殴打一个自缚双手的人更轻松的事么？而钦宗君臣则满心欢喜地认为自己已经展现出了最大的求和诚意，金国一定会被自己的诚意感动，继而就会为了爱与和平，与自己签署和约吧？

然而无情的事实狠狠抽打了钦宗君臣的脸，金军表示咱们还是在开封城下谈这事吧。吓得半死的钦宗君臣为了表示诚意，赶紧派出康王赵构等作为割地求和使，火速前往前线进行谈判。千万不能让金军再过来了！咱们开封现在可是毫不设防啊！

赵构走到一半就被愤怒的百姓拦了下来——求和？我们老百姓还在这里拼死抵抗呢，你们赵家人竟然想求和？河北那边什么样你知道不知道？女真人在逼着汉人剃头剪发呢！留发不留人！你们不准备反攻求什么和！

愤怒的百姓打死了赵构的副手，赵构被滞留了下来。当地的守臣向赵构委婉表达了自己的意见：殿下，我看您也不用去求和了。别的不说，上次肃王不也被派去求和么？结果怎么样，一去不回啊！您要不……就留在我这里得了。

赵构琢磨了一下，觉得自己再出门很可能就会被老百姓当成卖国贼打死，就算到了女真人那里也未必有什么好下场。算了，我先在你这里待着吧。

于是赵构滞留在了这里，这个地方叫磁州，而这里的守臣名叫宗泽。此时的赵构还不知道，五个月以后，他就将成为大宋唯一的希望。

金兵此时还在飞快推进着，十一月二十四日，第一支金军抵达开封城下。由于这段时间里钦宗君臣专注于政治斗争与求和，因此完全没有进行任何有效的军事准备。这些人的疏忽程度到了耸人听闻的地步——金兵再次围困开封城的时候，发现自己上次来的时候留下的投石机炮位竟然还都在！大难临头的钦宗君臣虽然还没彻底放弃幻想，但总算想起来了应该打仗。一时间，又是发诏各地兵马进京勤王，又是密诏康王在外以兵马大元帅之职聚拢勤王兵马筹划反攻。开封城里鸡飞狗跳，好不热闹。

然而现在说什么都晚了，金兵兵临城下，城中仅有七万守军。而糟糕的天气更是雪上加霜，就在金兵围城的同时，开封城一反常态连续天降大雪，守军几乎要被冻成冰棍了。金军则喜不自胜，觉得老天爷都站在咱们这边，还有不赢的道理么？

钦宗觉得自己要崩溃了。巨大的压力来自于多个方面：首先，金兵围城肯定是一种压力；其次，大家竟然一致要求自己拿布料出来给守城的士兵们做衣服——你们这群臭当兵的也配！最后，自己还要费尽心力把太上皇再次转移到大内软禁起来，要是他不慎落到金兵手里，金人另立朝廷，我怎么办！？

在这个时候，枢密院的二把手孙傅兴高采烈找到钦宗：皇上！大喜啊！

都这样了，喜从何来啊？难道你请到天兵天将了？

对啊！臣就是找到天兵天将了！臣最近一直琢磨怎么解决眼下这困境，就一直找前人的各种玄妙著作来读，结果您猜怎么着？臣在丘浚（仁宗时期的一个著名神棍）的文章里找到了线索，竟然还真的找到了破局之人！

钦宗一听马上来了兴趣：不枉我大宋崇道多年啊！你看这关键时刻还是神仙顶用！那赶紧给我说说，那是怎么样个人啊？

这个人叫郭京，原本就是个小卒子，然而在孙傅找到他的时候，他迅速意识到自己飞黄腾达的机会来了。他表示自己确实就是大隐于市的高人，深藏不露的半仙！不仅佛道双绝，而且秘法通天，能使六丁六甲之术，又有毗沙门天王法，灭个金军那就跟玩儿一样！来，我先给您表演个法术……

钦宗激动了，表示朕要大大封赏你！那什么，半仙你需要什么？只要能破敌，朕都答应！

于是郭京迅速成为开封城中最炙手可热的人物。他宣称自己需要七千七百七十七个生辰八字特殊的人布阵。这次招募活动差不多将开封城内的流氓地痞一网打尽。然后郭京宣称这玩意儿威力太大，只能在关键时刻施展破敌。

榜样的力量是无穷的，原本深藏不露的各路“神仙”在郭京的鼓舞下纷纷现身，一时间开封城里“天兵”不断，什么“六丁力士”，什么“北斗神兵”……层出不穷。眼下开封城这形势，不是小好，而是一片大好！“神仙”们只等一个合适的机会，便会一起出手灭掉金兵，匡扶大宋！

大概智商稍稍正常的人都不会信这种鬼话，所以大家在静静看着钦宗和郭京这些人表演之余，难免也忍不住向朝廷提提意见。您看是不是让他先打一仗试试？从来也没听说过跳大神能退兵的啊。

孙傅大怒：什么跳大神！什么跳大神！神仙！神仙你懂么！再说就是动摇军心！

然而丑媳妇总要见公婆，终于，靖康元年十二月，从二十三日到二十五日，暴雪连续大作，雪深数尺。金兵借着雪势发起了进攻。郭京接到通知：大家快扛不住了，这必须得您出马了。

好！郭京慨然应允，然后登城做法——为了保证法术的有效性，他还特地屏退了城墙上的守城官兵。一阵“施法”后，郭京宣布自己作法成功：现在可以大开城门，让六甲神兵出门横扫金兵了！

很显然，郭京失败了，如果他成功的话我们今天学的就不会是物理与化学，而应该是道术与符箓了。“六甲神兵”被金兵屠杀殆尽，郭京则在乱军之中不知所踪，金兵乘势登上了开封城头。开封城就这样，以一种荒谬到令人发指的方式被攻破了。

然而城虽然破了，金兵却依然面临着一个比较尴尬的情况，那就是他们发现自己竟然没有能力打进开封城里、彻底占领这座城市！开封实在是太大了，外城内城宫城一座比一座高，城内的居民又群情激愤，如果非要巷战的话损失很可能超出预期。要知道，西北军此时可正在赶往战场的路上啊！于是十分搞笑的一幕出现了，登上了外城城墙的金兵不敢下城，而城里的宋军又攻不上去，金兵竟然向内修起了防御工事，一本正经准备固守城墙了。

按理来说，这时候大宋依然有翻盘的可能性。金兵虽然困住了开封城，然而自己也处在两难的境地中，各地勤王大军正在源源不断开往战场，只要坚持一下，内外夹攻，未必没有胜算。

然而钦宗却再也坚持不下去了，金军破城已经让他吓破了胆。郭京的失败让他觉得神仙也抛弃了自己，他完全丧失了抵抗的信心。而金人则适时地表达了和谈的意思，激动万分的钦宗迅速接过了金人的橄榄枝，开始了匪夷所思的表演。

即使到了这个时候，徽钦二帝之间的钩心斗角依然在继续——在金军提出要把徽宗当作人质的时候，钦宗为了防止金军另立朝廷，自告奋勇深入虎穴，不惜亲自跑到金营进行谈判。金人喜出望外：从来没听说过还有这种自投罗网的操作！赶紧把他给我扣下！于是在金军的营帐中，钦宗达成了一系列丧权辱国的协议，不仅投降称臣，而且自废武功，罢掉各地勤王兵马，割让河北三镇。金人觉得这比我自己动手可方便多了，于是在提出天文数字的战争赔款后将钦宗放回了开封城里，好让他全心全意为金军搜刮财物、镇压反抗的百姓。

令人大跌眼镜的一幕出现了，钦宗回到开封城后大肆搜刮，以满足金人提出的天价战争赔偿（金 100 万锭，合 5000 万两，银 1000 万锭，绢缎各 1000 万匹），同时残酷镇压开封军民自发的反抗行为。然而即使如此，还是没法达到金人的要求，这可怎么办？

金人表示：没有钱，可以拿女人抵债嘛！一场大规模的凌辱开始了，而宋朝的官员们不以为耻，反而充满热情地投入到搜刮贵妇的活动中。你们自污面目蓬头垢面？你们不吃不喝装病扮丑？没关系！我们给你们找钗冠衣服，给你们梳妆打扮！务必要让金大人们满意！

钦宗以为自己这样尽心尽力满足金人，金人就会放过自己。最不济，起码也能留下赵氏皇族的江山社稷。然而金人用行动彻彻底底粉碎了他的梦想，在确定开封城已经再没有油水可捞后，金军又一次将钦宗拎了出来——只是这一次再没有放他回去。

一起被金人掳走的还有赵氏皇族的全部成员——除了死在之前大规模凌辱中的皇室女性以外，金人连一岁的小孩子都没有放过，务求斩草除根。被软禁起来的徽宗此时也终于又一次见到了自己的儿子，两个人被一起废为庶人，等待着他们的是北国的凄风苦雨。

只有康王赵构，因为在外组织兵马勤王而逃过一劫，他现在成了大宋唯一的合法继承人。

靖康二年四月一日，金军带着俘虏跟战利品离开了开封。临走前，金军一把火烧掉了已经形同废墟的开封城。从此，清明上河图中的开封城永远消失了，一起消失的还有曾经繁花似锦的北宋王朝。

而就在一片风雨飘摇中，河北军民正奋起抵抗，一个年轻人带着满腔的热血加入到抵抗金兵的前线，他的背后是血迹未干的四个字：精忠报国。

壮志饥餐胡虏肉，笑谈渴饮匈奴血，他眼前的这片旧山河，正待从头收拾。